AF277879

Epicuro fue un filósofo griego que fundó la escuela que lleva su nombre, conocida como «El Jardín», que se basaba en el hedonismo racional y el atomismo. Dejó escritos más de una treintena de tratados sobre el amor, la justicia, la física..., sin embargo, solo nos han llegado tres cartas y algunos fragmentos breves.

José María Zamora Calvo (Palencia, 1970) es catedrático de Filosofía Antigua y director del Departamento de Filosofía de la Universidad Autónoma de Madrid, donde coordina el grupo de investigación «Influencias de las éticas griegas en la filosofía contemporánea». Es autor de *Éticas estoicas* (2023) y de *Platón. La filosofía y la polis* (2024), así como editor de la *Guía Comares de Neoplatonismo* (2024).

EPICURO

El arte de la felicidad

Cartas, máximas y sentencias

Edición de
JOSÉ MARÍA ZAMORA CALVO

PENGUIN CLÁSICOS

Papel certificado por el Forest Stewardship Council®

Primera edición: septiembre de 2025
Primera reimpresión: diciembre de 2025

PENGUIN, el logo de Penguin y la imagen comercial asociada son marcas registradas
de Penguin Books Limited y se utilizan bajo licencia.

© 2025, Penguin Random House Grupo Editorial, S. A. U.
Travessera de Gràcia, 47-49. 08021 Barcelona
© 2025, José María Zamora Calvo, por la traducción y la introducción
Diseño de la cubierta: Penguin Random House Grupo Editorial / Claudia Sánchez
Imagen de la cubierta: © Shutterstock

Printed in Spain — Impreso en España

ISBN: 978-84-9105-727-7
Depósito legal: B-12.113-2025

Compuesto en M. I. Maquetación, S. L.
Impreso en Liber Digital, S. L.
Casarrubuelos (Madrid)

PG 57277

Índice

Introducción

Epicuro, cuyo nombre significa «el que es útil» (*epíkouros*), vino al mundo en Samos, la patria de Pitágoras, en el año 341 a.C., seis años después de la muerte de Platón (347 a.C.). Pasó su infancia y adolescencia en esa isla, donde sus padres, Neocles y Queréstrata, habían recibido una parcela de tierra como colonos atenienses. Nativo de Samos, Epicuro conservó la ciudadanía ateniense. Según la tradición, se dedicó a la filosofía desde muy joven, cuando sus maestros fueron incapaces de explicarle el significado de la noción de «caos» en la *Teogonía* de Hesíodo. Diógenes Laercio (X 2) relata que fue maestro de escuela, y que fue después, tras descubrir los libros de Demócrito, cuando se dedicó a la filosofía. Se dice que Epicuro, a la edad de catorce años, en Samos, siguió las lecciones del platónico Pánfilo, que no le complacieron (D. L. X 14). Pero poco sabemos de sus primeros años o de su formación antes de su llegada a Atenas, adonde se traslada en el año 323, el mismo año en que murió Alejandro Magno, para hacer el servicio militar obligatorio, llamado efebía, que duraba dos años. En ese momento, Jenócrates (sucesor de Espeusipo, quien fue sobrino y primer sucesor de Platón) dirigía la Academia, y Aristóteles aún estaba en Calcis (donde falleció en el año 322).

Tras la muerte de Alejandro, los colonos atenienses fueron expulsados de Samos por un decreto del general Pérdicas. En el año 321, liberado de sus obligaciones militares, partió hacia Colofón, en la costa de la actual Turquía, donde sus padres se habían visto obligados a instalarse. Probablemente, en esa ciudad o en la próxima Teos, estudió filosofía bajo la dirección de Nausífanes, eminente discípulo de Demócrito, con influencias escépticas de Pirrón, y autor de una obra intitulada *Trípode*, que al parecer influye en la redacción del *Canon*. Epicuro recibe la doctrina atomística de Leucipo y Demócrito, pero la modifica significativamente: «Se le atrapa en la escuela del democríteo Nausífanes; aunque no niega haberle prestado oído, le veja, sin embargo, con toda clase de ultrajes» (Cicerón, *D. N. D.* I 26, 73).

Una década más tarde, Epicuro se trasladó a Mitilene, en la isla de Lesbos, y después a Lámpsaco, a orillas del Helesponto, donde enseñó filosofía y congregó a discípulos y seguidores, los futuros «pilares» de la escuela. En Mitilene tuvo como alumno a Hermarco (además de despertar cierta hostilidad, como la polémica mantenida con el aristotélico Praxífanes); en Lámpsaco, donde permaneció del 310 al 306, tuvo como discípulos, entre otros, a Colotes, Metrodoro, Leonteo y su mujer, Temista, Idomeneo, Pitocles y Polieno. Una carta del joven Epicuro, dirigida a su madre, conservada por Diógenes de Enoanda (fr. 125-126 Smith), contiene información importante sobre su formación filosófica.

Tras enseñar cinco años en Mitilene y Lámpsaco, Epicuro regresa a Atenas, gracias a la liberación de Demetrio Poliorcetes. En 307-306, fundó una escuela que, por sus características y ubicación, se conoció como el «Jardín» (*Képos*). La propiedad, adquirida por ochenta minas (D. L. X 10), se instituyó poco antes del Pórtico estoico, y se situaba fuera de las murallas de la antigua Atenas, más allá de su puerta principal, la Dípilon, a lo largo del camino que conducía a la Academia (Cicerón, *Fin.* V 1, 3). La residencia personal de Epicuro, de dimensiones reducidas (demasiado pequeña para el número de sus amigos, dice Cicerón), se ubicaba en el demo de Mélite (D. L. X 17), y debía diferenciarse del Jardín, donde enseñaba. Epicuro permaneció en Atenas hasta su muerte en el año 270, a la edad de setenta o setenta y un años, dedicado a practicar la filosofía en común con sus alumnos más cercanos. En una carta remitida a Idomeneo el mismo día de su muerte, Epicuro declara que está viviendo «el feliz y al mismo tiempo último día de mi vida», y que los terribles dolores causados por cálculos en la vejiga y disentería se ven compensados por «la alegría que sentía mi alma al recordar nuestras conversaciones pasadas» (D. L. X 22).

Entre los «amigos», como se llamaban a sí mismo los epicúreos que seguían sus cursos en el Jardín, además de Hermarco (sucesor de Epicuro en la dirección del Jardín) y Metrodoro, destacan cuatro discípulos: Pitocles, Polieno, Colotes e Idomeneo. Epicuro había conocido a los cuatro en Lámpsaco y le siguieron a Atenas o se unieron con él allí. Animados por Epicuro, sus tres hermanos, Neocles, Queredemo y Aristóbulo, también se consagraron a la filosofía. Cabe destacar la presencia en la escuela de algunas alumnas, como Bátide (hermana de Epicuro), Temista, Leontio, Boídion, Demetria, Mammario, Hedia, Erotio y Nicidio. Los epicúreos tratan de prolongar la discusión de algún punto doctrinal que el maestro no había tenido la ocasión de abordar, pero sin alejarse ni del espíritu ni de la letra de su enseñanza.

Epicuro fue un autor prolífico. Diógenes Laercio (X 27-28) le atribuye la redacción de trescientos volúmenes, incluida la alusión a una gran variedad de títulos: 1. *Sobre la naturaleza* (treinta y siete libros); 2. *Sobre los átomos y el vacío*; 3. *Sobre el amor*; 4. *Epítome de las objeciones a los físicos*; 5. *Contra los megáricos*; 6. *Problemas*; 7. *Máximas capitales*; 8. *Sobre la elección y el rechazo*; 9. *Sobre el fin*; 10. *Sobre el criterio, o el canon*; 11. *Queredemo*; 12. *Sobre los dioses*; 13. *Sobre la piedad*; 14. *Hegesianacte*; 15. *Sobre los modos de vida* (cuatro libros); 16. *Sobre la acción justa*; 17. *Neocles*, dedicado a Temista; 18. *Banquete*; 19. *Euríloco*, dedicado a Metrodoro; 20. *Sobre la visión*; 21. *Sobre el ángulo en el átomo*; 22. *Sobre el tacto*; 23. *Sobre el destino*; 24. *Opiniones sobre las sensaciones internas*, dedicado a Timócrates; 25. *Pronóstico*; 26. *Protréptico*; 27. *Sobre las imágenes*; 28. *Sobre la percepción*; 29. *Aristóbulo*; 30. *Sobre la música*; 31. *Sobre la justicia y las otras virtudes*; 32. *Sobre los regalos y el agradecimiento*; 33. *Polimedes*; 34. *Timócrates* (tres libros); 35. *Metrodoro* (cinco libros); 36. *Antidoro* (dos libros); 37. *Opiniones sobre las enfermedades*, dedicado a Mitres; 38. *Calístolas*; 39. *Sobre la realeza*; 40. *Anaxímenes*; 41. *Cartas*.

La mayoría de los escritos de Epicuro no ha llegado hasta nosotros. Algunos de ellos se han perdido, otros se conservan solo de manera fragmentaria, entre ellos un libro del tratado *Sobre la naturaleza*, y otros, que no aparecen incluidos en este catálogo, son transmitidos por el propio Diógenes Laercio, a quien debemos la conservación de su legado. Las tres cartas, remitidas respectivamente a Heródoto, a Pitocles —quizá apócrifa— y a Meneceo, pertenecen a esta última rúbrica.

Epicuro escribe y remite sus obras a sus discípulos, quienes se encargan de transmitir sus doctrinas filosóficas en el interior del Jardín. Más de cinco siglos después de su muerte, el doxógrafo Diógenes Laercio decide citar, respetando la integridad del texto, las *Cartas* y las *Máximas* que habían llegado hasta él. Gracias a esta decisión conservamos la mayor parte de la obra del fundador del Jardín. De hecho, con la excepción de esta asombrosa labor de preservación, la filosofía de Epicuro se ha transferido principalmente a través de sus discípulos: primero, dos siglos y medio después, por la obra magistral del poeta y filósofo romano Lucrecio, *De rerum natura*, que constituye la exposición más completa de su física, donde trasvasa al verso latino las tesis epicúreas redactadas en prosa griega. Tres siglos después de Lucrecio, en una ciudad de Licia, al sudoeste de Asia Menor, Diógenes de Enoanda, al presentir que la muerte se le acercaba, hizo grabar en un elevado muro del ágora un tratado de filosofía epicúrea junto a fragmentos de la obra del maestro, con el fin de dar a conocer «a sus conciudadanos y a todos los extranjeros que se encontraran de paso por Enoanda» (fr. 3., col. 5; 119, col. 1) la única doctrina que, según él, podría librarles del miedo a la muerte.

Autores antiguos, como Cicerón, Plutarco y Sexto Empírico, atesoraron también algunos fragmentos relevantes, pero serán sobre todo los rollos de papiro, descubiertos en la ciudad romana de Herculano en 1752, los que nos permiten obtener nueva información sobre su obra. En la conocida hoy en día como Villa de los Papiros, la mansión propiedad de Lucio Calpurnio Pisón Cesonino sepultada por el Vesubio tras la erupción del 79 d.C., se preserva extraordinariamente parte de la gran biblioteca de Filodemo de Gadara, que nace en torno a 110 a.C. y muere a mediados de los años treinta. Después de formarse en Atenas con el epicúreo Zenón de Sidón, en la década de los años ochenta se trasladó a Italia, probablemente a Roma y Nápoles, donde entabla amistad con Pisón, de quien pronto se convierte en consejero. Entre los papiros de su biblioteca, se incluyen obras del propio Epicuro, como los treinta y siete libros de su tratado *Sobre la naturaleza*, y la práctica totalidad de los escritos epicúreos redactados hasta el siglo I a.C., comprendiendo una serie de obras teológicas: *Sobres los dioses, Sobre la piedad* y *Sobre la forma de vida de los dioses*. La información contenida en los papiros arroja luz sobre la función que desempeñan los textos epicúreos, mediante el estudio de compendios y de obras completas, en la manera de vivir filosófica recomendada por la escuela.

Los textos epicúreos se proponen ejercer una función terapéutica. El discípulo espera de su lectura curarse de los males que padece. La carta magistral, que vincula al maestro-médico con el discípulo-lector, es el único remedio que trata de curar las enfermedades de sus destinatarios, los seres humanos de todo tiempo y lugar.

El estado particularmente incompleto en que nos ha llegado la obra de Epicuro y de sus discípulos, los epicúreos, nos obliga a intentar reconstruirla constantemente. Gran parte de los fragmentos de la filosofía epicúrea son transmitidos por testimonios externos, algunos de ellos, por lo demás, a menudo en un contexto polémico, lo que aumenta las dificultades para su fijación. En 1887, el filólogo alemán Hermann Usener, en su edición de los *Epicurea*, les había asignado un lugar dentro del corpus, pero en la actualidad nos inclinamos a admitir estos pasajes dentro del corpus con mayores restricciones.* Hoy en

---

* Hermann Usener, *Epicurea*, Leipzig, Teubner, 1887.

día disponemos de diversas ediciones críticas de los textos de Epicuro. La más completa, hasta la fecha, sigue siendo la italiana de Graziano Arrighetti.*

De los escritos que conservamos de Epicuro, los puntos capitales están contenidos en tres *Cartas*, que nos han llegado gracias a Diógenes Laercio: *Carta a Heródoto, Carta a Pitocles* y *Carta a Meneceo.* Esta última trata de la ética, mientras que las dos primeras se ocupan principalmente de la física, tema principal que se entreteje con cuestiones de teoría del conocimiento.

Carta a Heródoto

La más extensa de las tres cartas presenta los principios generales de la física de Epicuro. La lectura de esta epístola permite comprender cómo, a través de una serie coherente de deducciones, se pone en funcionamiento el sistema filosófico completo. Epicuro considera esta carta un resumen dirigido a tres categorías de lectores: (1) los que ya dominan los aspectos más difíciles de la ciencia de la naturaleza; (2) los menos avanzados, pero que están ya familiarizados con las tesis básicas del epicureísmo; y (3) los que aún permanecen en el nivel de un contacto inicial o superficial con la filosofía. Epicuro no separa el estudio de los principios de la naturaleza del estudio de los principios del conocimiento de esta misma naturaleza. Aborda los principios del mundo y de todo lo que abarca, así como los principios de la percepción y del conocimiento.

---

* Graziano Arrighetti, *Epicuro Opere*, 2ª ed., Turín, Einaudi, 1973.

Carta a Pitocles

En esta carta, cuya autenticidad a veces se pone en duda, Epicuro se ocupa de una parte específica de la física: el estudio de los fenómenos celestes y meteorológicos. Presenta la carta como una exposición concisa, cuyo objetivo era ayudar al lector en la memorización de sus pensamientos sobre el tema. En ella, se propone persuadir a Pitocles de que el conocimiento de los fenómenos celestes no tiene otra finalidad que la consecución de la imperturbabilidad del alma y la vida dichosa. Se detiene particularmente en la exposición de la noción de causa, ya que todos los fenómenos celestes que nos asombran son susceptibles de perturbarnos, si su reducción a causas naturales no libera el alma del temor supersticioso.

Preámbulo: Utilidad del resumen remitido a Pitocles (§ 84-85)
1. Método: El estudio de los fenómenos celestes desempeña una función ética, ya que ejerce un efecto tranquilizador en el alma (§ 85-88)
2. Primera parte: Cosmología general (§ 88-91)
   a. Mundos (§ 88-90)
   b. El Sol, la Luna y los astros (§ 90-97)
3. Tercera parte: Meteorología (§ 98-111)
   a. Previsiones (§ 98-99)
   b. Nubes (§ 99-100)
   c. Truenos (§ 100)
   d. Relámpagos (§ 101-103)
   e. Rayos (§ 103-104)
   f. Ciclones (§ 104-105)
   g. Seísmos (§ 105-106)

Carta a Meneceo

Si la *Carta a Heródoto* recopila los «elementos» de la física epicúrea, la *Carta a Meneceo* expone, por su parte, los principios de la ética epicúrea, centrándose en la imperturbabilidad (*ataraxía*). Esta carta contiene un programa de vida filosófica que nos aporta las reglas de orientación en la existencia para alcanzar la felicidad. Epicuro ofrece un resumen de su pensamiento ético, centrado en los modos de vida y en la elección de unas cosas y el rechazo de otras. Se propone combatir, en primer lugar, los problemas que nos acarrean las falsas suposiciones que tenemos sobre los dioses y la muerte.

Preámbulo (a modo de exhortación): Urgencia y necesidad de la filosofía (§ 122)

1. Primera parte: El cuidado del alma; combatir un doble temor que radica en nuestras representaciones (§ 123-127)
   a. No hay que temer a los dioses (§ 123-124)
   b. La muerte no es nada para nosotros (§ 124-127)
2. Segunda parte: El cuidado conjunto del cuerpo y del alma; deseos y placeres; se puede soportar el dolor (§ 128-131)
   a. Clasificación de los deseos (§ 127-128)
   b. El placer es el principio y el fin de la vida feliz (§ 128-130)
3. Se puede alcanzar la felicidad (§ 130-132)
   a. La autosuficiencia (§ 130-132)
   b. La prudencia (§ 132)
   c. Exposición del modo de vida del sabio como ejemplo (§ 133-134)

Conclusión: Invitación a Meneceo para que medite sobre lo expuesto en esta carta y lo ponga en práctica (§ 134-135).

Diógenes Laercio (X 139-154) nos ha legado también una selección de cuarenta máximas epicúreas, intitulada *Máximas capitales* (5 Arrighetti), cuyo contenido se organiza en tres secciones, dedicadas respectivamente a la ética (*M. C.* 1-21 y 26-30), a la epistemología (*M. C.* 22-25) y a la justicia y las relaciones sociales (*M. C.* 31-40).

Otras máximas, un total de ochenta y una, fueron descubiertas en 1888 por Karl Wotke, en un manuscrito de la Biblioteca Vaticana (*Vaticanus graecus* 1950, f. 401ᵛ-404).* Esta

---

* Karl Wotke, «Epikureische Spruchsammlung», *Wiener Studien* 10 (1888), pp. 175-201. Esta recopilación corresponde a la sección 6 de Arrighetti (pp. 141-157, y su comentario en pp. 555-571).

colección es conocida con el título de *Sentencias vaticanas*. Trece de estas sentencias corresponden a determinadas *Máximas capitales* (*S. V.* 1 = *M. C.* 1; 2 = 2; 3 = 4; 5 = 5; 6 = 25; 8 = 15; 12 = 17; 13 = 27; 20 = 29; 22 = 19; 49 = 12; 50 = 8; 72 = 13). La mayoría de ellas se atribuyen en su totalidad a Epicuro, otras (no editadas por Arrighetti) a los discípulos del maestro más que al propio Epicuro, entre los que se encuentra con gran seguridad Metrodoro (*S. V.* 10, 30, 31, 47, 51) y, muy probablemente, Hermarco (*S. V.* 36).

La filosofía epicúrea, para ayudarnos a adoptar el modo de vida del sabio, tiene una finalidad esencialmente práctica. La *Carta a Meneceo* comienza con una exhortación a la filosofía que es, al mismo tiempo, una invitación a preocuparse por la «salud del alma», es decir, por la *ataraxía*. En un fragmento (*P. Herc.* 1005, col. IV 10-14), redactado contra los estoicos o contra los epicúreos discrepantes, Filodemo prescribe un cuádruple remedio (*tetraphármakos*) que concuerda con las cuatro primeras *Máximas capitales* de Epicuro. De hecho, para los epicúreos, la filosofía cumple una función terapéutica: una filosofía que no cure las almas es falsa o, más exactamente, vacía (221 Usener).

El discurso falso es calificado de vacío, ya que no remite a ninguna prenoción, y la realidad no ofrece ningún elemento capaz de llenarlo. Para Epicuro, en efecto, un lenguaje que no se refiera a prenociones es un lenguaje vacío, desprovisto de todo contenido. Y este es el caso de los filósofos que no reconocen que el bien es el placer (Cicerón, *Fin.* 2, 48 = 69 Usener).

El lenguaje vacío va siempre acompañado de opiniones vanas. El paso de un discurso vacío a un discurso verdadero consiste en rellenar con prenociones un vacío que no ofrece ningún asidero al pensamiento (*P. Herc.* 37-38). De hecho, para Epicuro y los epicúreos, el verdadero sufrimiento no es el que procede de la carencia de bienes efímeros, sino de las opiniones vanas (486 Usener).

La inscripción de Diógenes de Enoanda distingue aflicciones (*lŷpai*) naturales, que la filosofía de Epicuro «reduce a muy poco», de otras aflicciones, que «suprime completamente» (D. E., fr. 3 VI 7-12).

En la *Carta a Meneceo*, refiriéndose a la espera de la muerte, Epicuro constata la existencia de aflicciones vacías: «Pues aquello cuya presencia no nos perturba, sin razón alguna, nos angustia cuando se espera» (*Men.* § 125). Asimismo, otras afecciones son consideradas vacías: el temor a los dioses, las preocupaciones que turban el corazón. En la *Carta a Pitocles*, esta clase de afecciones corresponde a perturbaciones del alma: «Nuestra vida no necesita sinrazones y opiniones vanas, sino que la pasemos sin sobresaltos» (*Pit.* § 87).

Estas opiniones vanas ejercen una acción funesta en el alma, semejante a una enfermedad. Si queremos ocuparnos de nuestra propia curación (*S. V.* 64), es necesario que nos desprendamos de todas las perturbaciones que nos afectan, lo que implica su verdadera expulsión. De este modo, solo mediante la disolución de todo tipo de perturbación, nos convertimos en dueños de nosotros mismos. Y, una vez que esto sucede, «toda tormenta del alma se disipa» (*Men.* § 128).

El hombre que conoce la causa y la naturaleza de los fenómenos celestes saborea «la dicha» en el conocimiento de esos fenómenos (*Her.* § 78-79). El miedo o el deseo ilimitado y vacío generan la desdicha en el alma. En cambio, el razonamiento sobrio, el razonamiento guiado por la prudencia o sabiduría práctica, produce la supresión de las afecciones.

La *Canónica*

El *Canon* de Epicuro es una obra que contiene los prerrequisitos metodológicos ineludibles para todo aquel que desee adentrarse en la doctrina del Jardín (D. L. X 30). Aunque el libro se haya extraviado, Diógenes Laercio nos transmite, en forma de paráfrasis y de citas, algunos de sus fragmentos.

La canónica trata de determinar cuáles son los criterios de la verdad. El término «canónica» proviene de *kanón*, es decir, la «regla», la «norma», o, según la terminología establecida en la filosofía helenística, el «criterio» (*kritérion*) que permite el acceso al conocimiento de la verdad. «El canon contiene los caminos de la doctrina» (D. L. X 30). En su sentido literal, el canon designa la vara de caña que emplean los carpinteros como regla; en sentido metafórico, alude a lo que sirve como regla del conocimiento. Para Epicuro, según la exposición de Diógenes Laercio (X 31), tres facultades desempeñan la función de canon del conocimiento: las sensaciones, las prenociones (*polépseis*) y las afecciones.

La sensación es «sin razón» y «sin memoria» (D. L. X 31). En efecto, para Epicuro, la sensación es el primer criterio de la verdad, ya que constituye nuestro primer contacto con el mundo y el modo inmediato por el que nos es dado el ser de las cosas. Ahora bien, a partir de la sensación se elabora la noción misma de criterio, por lo que se sitúa en un plano no solo ontológico sino también axiológico. Si se niega la verdad de las sensaciones, se rechaza el acceso a toda especie de verdad. Para Epicuro, aceptar el criterio de la sensación depende de un esfuerzo intelectual de discriminación, por el que la mente se dedica a distinguir lo que pertenece realmente al ámbito de la sensación de lo que, en cuanto incumbe a la «opinión», debe ser objeto de sospecha, al no poder ser admitido sin verificación (*M. C.* XXIV).

Sentir consiste en absorber la estructura atómica de lo sentido y apropiarse de ello (*Her.* § 49-50). Al contrario de Demócrito, para quien las sensaciones son solo la expresión en el nivel del receptor de las cualidades percibidas, pero que no pertenecen propiamente al cuerpo real, para Epicuro las sensaciones representan propiedades reales procedentes de la composición atómica del cuerpo, pero que solo aparecen en el nivel del compuesto, que le confieren una identidad sensible permanente (*Her.* § 60 y Sexto Empírico, *Adv. math.* VIII 9).

Las sensaciones son el primero de los criterios de la verdad, el más fundamental, y todos los demás se explican a partir de él. Diógenes Laercio enumera los otros criterios: las prenociones, las afecciones y «las aprehensiones representativas del pensamiento» (D. L. X 31), que se diferencian de las sensaciones: en primer lugar, porque no se limitan a captar un dato, sino que proponen una síntesis compleja; en segundo lugar, porque introducen, por primera vez, un enfoque explícitamente lingüístico en el método del Jardín. Diógenes Laercio presenta la prenoción (*prólepsis*) como un contenido mental no solo siempre verdadero, sino que se relaciona especialmente con una determinada formulación (D. L. X 33).

La prenoción consiste en la prolongación de la sensación, al constituirse en la mente por la repetición de impresiones semejantes. Nada añade, por lo tanto, a lo aportado por la sensación. La prenoción solo retiene un esbozo general de lo que presentan sensaciones análogas. Por ello, la prenoción es tanto el resultado de un proceso, la síntesis de una serie de imágenes mentales que desempeña la función de un concepto, como el punto de partida de un movimiento de aprehensión mental que hace posible la anticipación. Así, la prenoción de un caballo permite identificar y designar a cualquier caballo, sin que se haga referencia a ningún caballo en particular.

El lenguaje presupone la existencia de prenociones. Nombrar algo o a alguien consiste en identificarlo con una prenoción. En el siguiente caso: «Metrodoro se dirige a mí», la representación mental de Metrodoro, que constituye su prenoción y que me permite formular este juicio, es verdadera, porque se constituye a partir de un conjunto de sensaciones adecuadamente combinadas. Por consiguiente, la prenoción es a la vez el contenido del concepto (la imagen mental de Metrodoro) y el movimiento de la mente que conecta ese contenido con Metrodoro, al considerar que le es adecuada, es decir, el hecho de que el individuo Metrodoro que se dirige a mí corresponde en realidad a la imagen mental que me viene al pensamiento. Se trata, efectivamente, de Metrodoro y no de otro hombre.

En Epicuro la distinción alma-cuerpo resulta improcedente. Por ello, el mal moral se identifica con el dolor físico, y, se trata, en consecuencia, de un dolor psicosomático. El alma es un cuerpo dentro de un cuerpo, es decir, un cuerpo en simpatía con otro. El alma es una mezcla de diferentes partes, que actúan en armonía entre sí e interactúan unas con otras.

La sensibilidad del cuerpo es el resultado de una mezcla, también armoniosa, en la que cada uno de sus componentes conserva sus características propias, pero que al mismo tiempo reacciona ante los elementos del otro componente. De este modo, la sensibilidad del cuerpo es el resultado de esa mezcla, que depende de la simpatía de las partes del alma entre sí y con el resto del cuerpo. Solo cesa de manera definitiva con la muerte, es decir, cuando la mezcla se disipa (*Her.* § 63-67). Nada de lo que es malo para el alma puede resultar bueno para el cuerpo, ni nada de lo que provoca sufrimiento en el cuerpo puede evitar ser nocivo para el alma.

La filosofía de la naturaleza, el atomismo

Los átomos y el vacío son las causas o/y los principios de todas las cosas. En la *Carta a Heródoto* Epicuro recurre a la física de Demócrito, fundador del atomismo junto con su maestro Leucipo, para afirmar que los átomos son principios, en el sentido de que constituyen la naturaleza de los cuerpos: «Es necesario que los principios indivisibles sean las naturalezas de los cuerpos» (*Her.* § 41). Y añade: los átomos y el vacío son «causas» (*Her.* § 44). Pero ¿cómo, a partir de los átomos, pueden generarse los cuerpos compuestos y los mundos? ¿Qué clase de causalidad debe poder atribuirse a estos principios últimos indivisibles? Aristóteles critica a Leucipo y a Demócrito por reducir su explicación a una causalidad de tipo material y por ser incapaces no solo de dar cuenta de la forma y de la finalidad, sino también de una causalidad motriz.* Sin embargo, Epicuro no se conforma con regresar a la física de Leucipo y Demócrito,

---

* Cf. Aristóteles, *Metafísica*, A 4, 985b-19-20 (= D. K. 67A6).

sino que trata de dar una respuesta al siguiente problema: en
ausencia de una providencia y de una causalidad final, ¿cómo
evitar considerar que el átomo no quede reducido a uno de sus
componentes y que sea realmente el principio material, motor
y organizador de todas las cosas? Por una parte, siguiendo a
Demócrito, Epicuro señala que el movimiento tiene que ser
provocado y que es innecesario buscar la causa primera, teniendo en cuenta que el estado actual del todo (= universo) es eterno: «Hay que dar por sentado también que el todo siempre fue
tal como es ahora y que siempre será así» (*Her.* § 39). Por la otra,
aunque en un universo ilimitado no haya ni arriba ni abajo ab-
solutos, Epicuro observa que el átomo está dotado de un peso
que provoca un movimiento hacia lo que nosotros, los seres
humanos, denominados «abajo» (*Her.* § 61). Sin una declinación
(*clinamen*), explicará Lucrecio, la naturaleza no habría producido nada (*D. R. N.* I 25, 69). El *clinamen* es el movimiento de desviación imprevisible que hace colisionar los átomos y permite
la producción de todas las cosas. No obstante, los textos con-
servados de Epicuro no incluyen ni un solo rastro que confirme
de manera contundente esta teoría de la declinación o desviación.

El joven Marx, en su tesis doctoral defendida en 1841, se
dedica a explorar la *Diferencia de la filosofía de la naturaleza en
Demócrito y Epicuro*. En su disertación, Marx, bajo la influencia
de Hegel, propone una lectura dialéctica del *clinamen*, conci-
biéndolo como potencia metafísica de atracción y de repulsión,
por la cual la naturaleza accede a la consciencia de sí. El átomo
(«singularidad abstracta») se libera de su «existencia relativa»
(la línea recta), haciendo abstracción de ella, por la desviación.

El *clinamen* permite a Epicuro moderar la influencia de la
necesidad (*anágke*) democrítea. Puede considerarse el *clinamen*

la causa mecánica de la formación de los agregados de átomos. De estos agregados, unos, por su inestabilidad y debilidad, van a descomponerse rápidamente; otros, más estables y firmes, originan conglomerados capaces de perdurar. Estos conglomerados, si consiguen la extensión suficiente, constituirán mundos (*Her.* § 73-74). Los diferentes mundos constituidos son a su vez infinitos en número, y poseen diversas formas, pero no infinitas, ya que las formas de los átomos tampoco lo son (*Pit.* § 88-89). Los mundos constituyen las condiciones de posibilidad de los seres vivos, es decir, no puede haber seres vivos fuera de los mundos (*Her.* § 74); pero todos los mundos no están necesariamente habitados por seres vivos.

Los átomos son los componentes últimos de los mundos y sus agentes productores, ya que desempeñan una función cosmológica. Epicuro establece los principios generales de su filosofía de la naturaleza o fisiología: los átomos «a partir de los cuales podría generarse un mundo o por efecto de los cuales podría constituirse un mundo» (*Her.* § 45). Ahora bien, ningún mundo puede agotar la infinidad de átomos.

El universo es ilimitado y el mundo nace en una sección delimitada del infinito que constituye el vacío (*Pit.* § 88-89). Los átomos son infinitos en número, eternos e inalterables. Un mundo pude nacer siempre y cuando estén presentes en su formación los átomos apropiados —o convenientes— en su forma o tamaño. Para que se forme un mundo, es necesario que haya átomos con propiedades determinadas. Por ello, contra Demócrito,* los mundos no podrían tener todas las formas

---

* Sobre la concepción del azar en Demócrito, y el planteamiento de «algunas contradicciones aparentemente irresolubles» que entraña, puede ver-

posibles ni contener todos los seres imaginables (*Her.* § 74). Los movimientos de los átomos son aleatorios, podrían producirse o no, por azar.

La oposición entre azar y necesidad no es tan clara. La introducción de un factor de indeterminación muestra que el origen del mundo no corresponde al tipo de necesidad que se encuentra en los fenómenos de la naturaleza que percibimos. Para explicar la generación del mundo, Epicuro considera necesario admitir una forma de necesidad junto al azar y las condiciones atómicas particulares (*Pit.* § 92-93).

En el ámbito práctico, Epicuro examina tres factores, que se corresponden con las tres causas posibles de los acontecimientos: la necesidad, el azar y lo que depende de nosotros (*Men.* § 133-134). El placer constituye el principio y el fin de nuestras acciones; es aquello de lo que dependemos en última instancia para lograr lo que depende de nosotros.

La *Carta a Heródoto* sigue un esquema inferencial y progresivo.* El estudio de la física permite identificar y distinguir las acciones y los movimientos según tres categorías causales: la necesidad, la fortuna y lo que depende de nosotros. Lo que está en nuestro poder se halla limitado desde el exterior por la necesidad y el azar, pero, en sí mismo, «no tiene dueño» (*Men.* § 133).

---

se Iván de los Ríos, *Grecia o el azar. Divinidad, suerte y destino en la literatura griega antigua*, Santiago de Chile, Universidad Alberto Hurtado, 2016, pp. 204-217.

* Cf. David N. Sedley, «The inferential foundations of Epicurean ethics», en Gabriele Giannantoni y Marcello Gigante (eds.), *Epicureismo greco e romano: atti del congresso internazionale (Napoli, 19-26 maggio 1993)*, Nápoles, Bibliopolis, 1996, pp. 313-339.

La necesidad está desprovista de intención, por lo que no puede dar cuenta, pero no es omnipotente. La fortuna puede ser el principio de bellas cosas, cuando nos proporciona los recursos necesarios para llevarlas a cabo (*Men.* § 134). Será necesario, en el sentido más estricto del término, lo que no puede no ser, es decir, lo que no puede ser atribuido ni al razonamiento ni a la fortuna.

El azar solo desempeña una función causal particular, limitada y circunscrita por la acción que dicta el razonamiento del sabio epicúreo.* «La fortuna tiene poco impacto en el sabio; el razonamiento, en cambio, ha dispuesto, dispone y dispondrá los asuntos más grandes e importantes a lo largo del tiempo sucesivo de su vida». (*M. C.* XVI). La fortuna puede cooperar con nuestras acciones, pero la felicidad o la desgracia no dependen de ella. Por ello, es preciso estimar su poder en su justa medida. «El azar, que llamamos fortuna, interviene poco en nuestra vida; nosotros somos dueños de la mayor parte de los acontecimientos» (D. E., NF 132 Smith, véase también fr. 71 Smith).**

En la *Carta a Pitocles*, Epicuro esgrime una serie de argumentos que tratan de invalidar la tesis de una providencia que

---

* Cf. Francesco Verde, «*Tyche* y *logismos* en el epicureísmo», en Iker Martínez Fernández y Stefano Maso (eds.), *Diez estudios de filosofía helenística y romana: La escuela italiana contemporánea*, Madrid, UNED, 2022, pp. 17-41.

** Martin Ferguson Smith, *Supplement to Diogenes of Oinoanda. The Epicurean inscription*, Nápoles, Bibliopolis, 2003, pp. 122-123. Puede consultarse también el nuevo fragmento (NF 214), descubierto en 2017, por Jürgen Hammerstaedt y Martin Ferguson Smith, «Diogenes of Oinoanda: the new and unexpected discoveries of 2017 (NF 214-219), with a re-edition of fr. 70-72», *Epigraphica Anatolica* (51) 2018, pp. 43-79.

actúa en los movimientos del cielo y en la estructura del universo. El modelo de composición de la naturaleza es un movimiento perpetuo y sin nombre: «No existe ningún principio de estas naturalezas, ya que los átomos y el vacío son eternos» (*Her.* § 44). La función de la providencia es reemplazada por los «pactos de la naturaleza», que garantizan la cohesión en el impacto de los átomos y que mantienen una forma de permanencia que permite la renovación de las especies y, en ellas, la adecuación progresiva entre los órganos y las funciones.

Solo la naturaleza, declara Lucrecio, posee una verdadera potencia causal (*D. R. N.* II 342-350; 377-380). Todo puede explicarse a partir de átomos elementales. La posibilidad de una naturaleza diversa depende de la variedad de los átomos; y, gracias a ella, es posible discernir las producciones naturales, todas ellas diferentes, de los artefactos, todos ellos copias uniformes.

El estudio de la naturaleza resulta indispensable para diluir los principales temores. Frente a la naturaleza desconocida, considerada potencialmente hostil, la física nos aporta el único soporte seguro, ya que proporciona la certeza de que es imposible que los dioses nos hagan daño o que la muerte sea algo para nosotros, simples seres mortales. Este soporte seguro y permanente que otorga la investigación de la naturaleza no se detiene en los casos particulares y momentáneos, ofreciendo un consuelo puntual o tranquilizando en una situación concreta, sino que permite enfrentarse a los males radicales que sufren los hombres: temor a los dioses, temor a la muerte, ilimitación del deseo, temor a la ilimitación del dolor.

La regla fundamental: el placer

La ética es una de las tres partes de la filosofía, junto con la canónica y la física. Enseña la sabiduría práctica, que nos hace discernir lo que hay que escoger y lo que hay que evitar, es decir «las causas de cada elección y de cada rechazo» (*Men.* § 132), y descarta las opiniones vanas y los vanos temores.

El placer es una afección propia del individuo, porque, según señala Epicuro en la *Carta a Meneceo* (§ 128), «el placer es el principio y el fin de la vida dichosa». Toda actividad debe regirse por el placer, porque solo el placer es un fin en sí mismo, y no un fin perseguido con vistas a algún otro fin superior. Sin embargo, la filosofía de Epicuro no aboga por una ética del *carpe diem*. El placer es «congénito», porque acompaña necesariamente a nuestra constitución fundamental y, por ello, es «connatural», es decir, adecuado a nuestra naturaleza. El hedonismo epicúreo subordina la experiencia del placer a la coherencia de la vida en su conjunto. A diferencia de los cirenaicos, que sitúan el fin en cada placer y adoptan una actitud completamente «momentánea» (D. L. II 87-88), Epicuro rechaza concebir la vida como una suma de placeres y defiende una ascesis hedonista. De este modo, en su arquitectónica, el epicureísmo distingue el placer como bien —o soberano bien— del placer como experiencia del momento, que puede variar su intensidad y entrañar consecuencias más o menos deseables. Dado que todos los seres vivos buscan el placer desde su nacimiento, el placer como soberano bien es la norma natural, pero es preciso evitar que esta norma se aplique de manera acrítica e indiscriminada a cualquier situación que comporte una experiencia de placer. Por consiguiente, la vertiente crítica de la ética epicúrea exige dirigir la mirada más allá del momento presente.

El placer es un fin, pero un fin que exige un cálculo, que consiste en un «razonamiento sobrio» (*Men.* § 132). Por ello, aunque todo placer sea un bien, no se debe elegir cualquier placer. Elegir procurarse un placer requiere hacer un cálculo prudente de las consecuencias, que permita llevar a cabo una anticipación y una comparación de los placeres y de los sufrimientos que conlleva.

Pero el placer y la tranquilidad del alma son imposibles sin la amistad, al ser un componente fundamental de la vida buena. El sabio epicúreo no vive aislado, sino en comunidad, pues vive entre sus semejantes, «como un dios entre los hombres» (*Men.* § 135). La virtud es indisociable del placer, y la virtud y el placer están intrínsecamente vinculados a los placeres (Cicerón, *Fin.* I 66-68).

La autosuficiencia epicúrea es el resultado de la experiencia y de la justa apreciación de los límites (*S. V.* 63). En contraste con los bienes materiales, la autosuficiencia es un «gran bien», por lo que constituye un verdadero «tesoro» (*S. V.* 44). Se trata de la capacidad de satisfacer lo que está a nuestra disposición (*Men.* § 130-131). En la mayoría de los casos, con pan y agua estas necesidades deberían estar cubiertas. Contentarse con poco reduce el umbral de satisfacción, permitiendo una vida sobria que fomenta el dedicarse a las actividades prácticas, que exhortan a la filosofía y, por la ausencia de carencia, proporcionan el acceso al placer. La autarquía consiste en un estado del alma que exige una apreciación precisa de las relaciones entre lo necesario y lo placentero.

El «razonamiento sobrio» y la prudencia consisten en un cálculo o balance de los placeres y de los sufrimientos con vistas a la tranquilidad del alma. La autarquía, o autosuficiencia, del sabio epicúreo le permite ser dueño de sus propios deseos en todas las circunstancias: «El sabio, que se ha medido con las necesidades de la vida, sabe compartir en lugar de tomar, por grande que sea el tesoro que ha encontrado en la autosuficiencia» (*S. V.* 44).

Epicuro, según Séneca (*Ep.* IX 1), afirma, contra Estilpón de Mégara y los académicos, que el sabio tratará de hacer amigos, aunque sea autosuficiente. Asimismo, los dioses tejen amistades, aunque no necesiten nada y sean totalmente autosuficientes. Pero ¿cómo salva la ética epicúrea esta aparente paradoja entre amistad y autosuficiencia?

Epicuro considera que «la autosuficiencia (*autárkeia*) es un gran bien» (*Men.* § 130). El sabio ha de preservar su independencia, ya que «el fruto más importante de la autosuficiencia es la libertad» (*S. V.* 77). Ahora bien, Epicuro opone la amistad (*philía*) al amor (*éros*): el sabio es feliz con el amigo, porque no depende de él, pero es desgraciado con el amado, porque depende de él.

La amistad epicúrea aporta ante todo la plena seguridad personal (*aspháleia*), al ser del todo indispensable para la felicidad; dado que la política genera perturbaciones, solo queda «vivir escondido», pero no aislado, sino acompañado de otros, hombres y mujeres, los amigos íntimos, cuya necesaria presencia converge en el placer puro de la amistad. «De todas las cosas que la sabiduría proporciona para la felicidad de la vida en su conjunto, la más importante con diferencia es la posesión de la amistad» (*M. C.* XXVII).

Al contrario de los estoicos, que equiparan la virtud con la felicidad, los epicúreos, como señala Diógenes de Enoanda, otorgan a la virtud el rango de «agente productor» del placer (fr. 32 y 33 Smith). La actividad de la virtud es simultánea al efecto que produce. Por ello, en el hedonismo epicúreo, contra los cirenaicos, el placer no se opone a la virtud, ya que es un agente que, aunque se diferencie de sus efectos, es inseparable de ellos. La virtud es productora de placer desde el preciso momento en que se pone en práctica. El sabio no escoge el placer entre otras alternativas posibles que tenga ante él, sino que el placer se le impone por naturaleza. Virtud y placer no se oponen entre sí, sino que están intrínsecamente vinculados entre sí; y la amistad, lo mismo que la virtud, es del todo inseparable del placer.

El sabio quiere el bien del amigo, no porque elija esta opción entre otras, sino por necesidad. Apartado de la vida política y de sus ambiciones, el Jardín incorpora a su comunidad de vida a las mujeres y a los esclavos, con quienes el sabio comparte la vida buena y retirada, para practicar la virtud, en común amistad, cultivando los placeres estables (o catastemáticos). Epicuro diferencia dos tipos de placeres: los placeres cinéticos en movimiento (satisfacer un deseo) y los placeres catastemáticos en reposo (relacionados con un deseo satisfecho).

Una condición necesaria de la felicidad (*eudaimonía*) radica en la satisfacción de nuestras necesidades naturales y necesarias. Epicuro considera que hay algunos deseos cuya satisfacción es necesaria para la felicidad (*Men.* § 127). El hombre que consiga satisfacer estos deseos se hallará en un estado de ausencia de sufrimiento (*aponía*) y de ausencia de perturbación (*ataraxía*).

«Para ser feliz, hay que vivir escondido». El problema se enmarca en el ser vivo y su entorno. Mientras que el sabio estoico, *vir bonus et sapiens*, inscribe su destino en un mundo bien ordenado con el que se mide y gracias al cual se desarrolla, el sabio epicúreo piensa más bien en refugiarse, como un ser vivo que intenta reducir al máximo la interacciones con su entorno. «Debemos reír y al mismo tiempo filosofar, y también atender los asuntos del hogar y ocuparse del resto de nuestros bienes personales, sin dejar nunca de proclamar las máximas de la recta filosofía» (*S. V.* 41). De este modo, la regla de la autarquía, desde el enfoque epicúreo, no consiste en una expansión. Su entorno no es el ágora, sino el jardín. La regla de la autosuficiencia, desde el enfoque epicúreo, no requiere la expansión del yo en círculos concéntricos, como en el estoico Hierocles, para dominar lo mejor posible los recursos, sino la reducción del yo, limitando sus necesidades exclusivamente a las necesarias.* Por lo tanto, el sabio epicúreo, frente a la apropiación estoica, aboga por el desapego. Una vida retirada le permite interiorizar la satisfacción de los deseos hasta no necesitar más. Y así, al desprenderse de todo deseo innecesario, fuente de sufrimiento, garantiza la felicidad.

La verdadera seguridad interior (*aspháleia*) no la proporcionan los muros ni las leyes de los Estados, sino una vida tranquila, apartada de la multitud, que fomente la amistad.

Epicuro nos invita a emprender una «higiene "crónica" del alma».** Para vivir una vida exenta de perturbación, es preciso recurrir a la observación de la naturaleza en todas las circuns-

* Cf. Hierocles, citado por Estobeo, *Anthologium*, IV 671, 7-673, 11.
** Jean Salem, *Tel un dieu parmi les hommes: l'éthique d'Épicure*, París, Vrin, 1989 (3ª ed. 2009), pp. 52-55.

tancias. El tiempo para la filosofía debe coincidir con el tiempo para la vida feliz. El recuerdo de los buenos momentos pasados, gracias a la memoria, permite una anticipación serena del futuro, que sabemos que no hay que temer.

El placer epicúreo implica un cálculo racional de los deseos. En este sentido, su modelo no corresponde tanto al placer sexual como a la sensación que proporciona un estómago moderadamente lleno: «El placer del estómago es el principio y la raíz de todo bien, y todo lo que es sabio y sublime deriva de él» (509 Usener). Por lo tanto, el vientre es una vara de medir que nos señala, con gran precisión, lo que debe ser la búsqueda del placer verdadero, que consiste en la saciedad, el equilibrio y la justa medida.

«Y por eso decimos que el placer es el principio y el fin de la vida dichosa» (*Men.* § 128). En efecto, si el placer es un bien, ello hace de él un fin; si es un bien primero y connatural, es un principio. El placer delimita circularmente la totalidad de la vida dichosa. En el placer encontramos el principio de toda elección y rechazo. El fin es también el principio, lo que no lo sitúa fuera, sino en el límite de nuestra propia vida. Y, para evitar hacer del placer un bien arbitrario, Epicuro introduce el término «catastemático» (estable o constitutivo).

El «nosotros» de Epicuro no es el «nosotros» del diálogo platónico, ni la subjetividad de nuestros días, sino el conglomerado que se constituye como ser vivo, delimitado entre un «antes» y un «después», al darse un principio y un fin estables e indestructibles, que son condiciones indispensables de la felicidad.

Los epicúreos comparten con los estoicos y sus antecesores el punto de partida de la ética: la naturaleza es el criterio de lo que es bueno y de lo que no.* Pero Epicuro recurre a la autoridad de la naturaleza para justificar la definición del bien por el placer y la del mal por el dolor. Así, denomina al placer el «bien primero y connatural» (*Men.* § 129). Y, según Torcuato, el portavoz del epicureísmo ético en Cicerón, la naturaleza misma hace del placer y del dolor los móviles de cada deseo y de cada aversión respectivamente (*Fin.* I 30, p. 13, 24-27).

A pesar de las apariencias, las definiciones epicúrea y estoica del bien soberano convergen en cierta medida parcialmente. Epicuro diferencia el placer en el cuerpo y en el alma: el hombre debe liberarse del dolor en su cuerpo y no perturbarse en su alma (*Men.* § 13).

La *ataraxía* de los dioses, ideal supremo de la vida buena

Tanto la *Carta a Meneceo* como las recopilaciones que componen las *Máximas capitales* y la *Sentencias vaticanas* muestran una concepción de los dioses que ocupa un puesto capital en el proyecto ético de Epicuro. La incorruptibilidad y la felicidad perfecta de los dioses representan la culminación del ideal del sabio epicúreo, que se mantiene inmune a los golpes de la fortuna (*Men.* § 135). De este modo, el sabio epicúreo vivirá «como

---

* Para Ettore Bignone (*L'Aristotele perduto e la formazione filosofica di Epicuro*, Florencia, 2 vols., La Nuova Italia,1936), la filosofía de Epicuro se construye sobre una crítica mucho menos dirigida contra los estoicos que contra Platón y el primer Aristóteles. Las reivindicaciones y, especialmente, las objeciones suscitadas por la tesis de Bignone contribuyeron de manera decisiva a la rehabilitación de los estudios sobre Epicuro y la tradición epicúrea, especialmente en las últimas décadas del siglo pasado.

un dios entre los hombres. Porque el hombre que vive entre bienes inmortales no se parece en nada a un animal mortal» (*Men.* § 135). Sus propios discípulos presentaban a Epicuro así, y Lucrecio le dedica la siguiente alabanza: «Aquel fue un dios, un dios, insigne Memio (*deus ille fuit, deus, inclute Memmi*)» (*D. R. N.* V 8). La representación de Epicuro como «un dios mortal» (*deus mortalis*) puede considerarse una variación del tema platónico de la «asimilación a lo divino» (*homoíôsis theô(i)*) (*Teeteto*, 176-b, y *Leyes*, 792c4-d5).*

En contraste con la representación tradicional transmitida en los relatos mitológicos, los dioses designan el ideal supremo de la filosofía moral de Epicuro. Vivir como dios designa vivir la vida buena y sumamente dichosa, totalmente despreocupado de los asuntos mundanos de la polis.

La vida del sabio se asemeja a una vida divina, ya que su independencia y autosuficiencia (*autárkeia*) lo sitúan fuera de los golpes de la suerte y, por lo tanto, del tiempo. Sin ser perturbado, «ni en vigilia ni en sueños» (*Men.* § 135), el sabio epicúreo vive como un dios, ya que, aun siendo mortal, sabe cómo gozar de la felicidad y de la inmortalidad; pues su gozo no está sometido a la temporalidad, al saber cómo domeñar lo que es más fugaz para el hombre, el placer.

Ante las acusaciones de ateísmo dirigidas contra la escuela epicúrea, varios miembros del Jardín, como el maestro de Filodemo, Zenón de Sidón, redactan una serie de respuestas. En la

---

* Cf. Michael Erler, «Epicurus as *deus mortalis*: *homoiosis theôi* and Epicurean Self-Cultivation», en Dorothea Frede y André Laks (eds.), *Traditions of Theology: Studies in Hellenistic Theology. Its Background and Aftermath*, Leiden, Brill, 2001, pp. 159-181.

Carta a Meneceo, Epicuro reorienta la acusación contra sus adversarios, al invertir radicalmente el sentido ordinario de la propia noción de piedad: «Por lo tanto, es impío no quien suprime los dioses de la multitud, sino quien añade a los dioses las opiniones de la multitud» (*Men.* § 123).

En efecto, los epicúreos, siguiendo la propuesta del maestro, mantienen una clara posición defensiva: ante las acusaciones de impiedad y de ateísmo emitidas contra Epicuro, contraatacan acusando a sus adversarios de ser los verdaderos impíos y ateos. Epicuro, emprendiendo una estrategia defensiva similar a la esgrimida por el Sócrates en la *Apología* de Platón, rechaza la acusación de impiedad y ateísmo.

Según relata Filodemo en su *Sobre la piedad*, Epicuro tachó de completamente «locos» a «aquellos que eliminan lo divino de los seres reales», comparándolos con personas en pleno delirio báquico, y los identifica con Pródico, Diágoras y Critias:

> Epicuro acusó a los que suprimen lo divino de los seres reales de estar completamente locos, ya que en el libro XII, critica entre otros a Pródico, Diágoras y Critias, diciendo que están trastornados, y locos, y los compara con las Bacantes, recomendándoles que no nos causen vergüenza o incomodidad (Filodemo, *Sobre la piedad*, *P. Herc.* 1077, I, 19, 519-533 Obbink).*

En la primera parte del tratado *Sobre la piedad*, Filodemo de Gadara critica los errores que han cometido en su concepción de los dioses tanto los poetas como los filósofos, desde los preso-

---

* La misma acusación aparece recogida por Diógenes de Enoanda, fr. 16, col. I, 4-III, 12 Smith.

cráticos hasta el estoico Diógenes de Babilonia; en la segunda
parte, presenta la posición de Epicuro sobre la piedad y trata de
dar una respuesta a la acusación de impiedad dirigida contra su
maestro. Asimismo, elabora una lista de los atributos divinos,
entre los cuales, el más característico de Epicuro es el que hace
de la divinidad un ser «carente de problemas» (*apragmáteuton*).*

La naturaleza divina, en la plenitud de su dicha, está exenta de todo tipo de cargas y obligaciones (*Pit.* § 97).

El movimiento de los cuerpos celestes no se produce bajo la
influencia de un ser que tenga la obligación de dirigirlos (*Her.*
§ 76). Epicuro se enfrenta a quienes asignan causas insignifican-
tes a ciertos fenómenos astrales, ya que en modo alguno dispen-
san a la naturaleza divina de cargas y obligaciones (*Pit.* § 113).
La vida dichosa de los dioses excluye que tengan cualquier tipo
de preocupación relacionada con la fabricación o la administración del mundo (361 Usener). Por lo tanto, los dioses permanecen ajenos al gobierno del universo y a los asuntos humanos.

En la *Carta a Meneceo*, Epicuro acusa de impiedad a quienes
aceptan las creencias comunes sobre los dioses (*Men.* § 123-
124). Para Epicuro, la existencia de los dioses es evidente (*enar-
gés*), y su naturaleza se describe apropiadamente con la noción
común (*koinè nóesis*) o prenoción (*prólepsis*) que se refiere a ellos
y a todos los pueblos. Cicerón considera que esta prenoción
es innata (*D. N. D.* I 44). Toda prenoción, natural y universal, es
necesariamente verdadera y puede servir de criterio de verdad
para otros juicios.

---

* Filodemo, *Sobre la piedad, P. Herc.* 1077, fr. 2, lin. 11-12 = col. 45,
lin. 1286-1287. Dirk Obbink, *Philodemus on Piety: Critical Text with Commen-
tary*, Oxford, Clarendon Press, 1996, p. 194, 11-12; y su comentario, p. 504.

Epicuro se basa en «la noción común de dios» (*Men.* § 123), que está presente en cada ser humano, y recomienda a Meneceo que procure que esta concepción no se vea falseada por las distorsiones atribuibles a la opinión. Sostiene que las opiniones de la muchedumbre contrastan con el conocimiento que tenemos de los dioses, al poseer una claridad evidente. Según esta «noción común», los dioses se caracterizan por dos propiedades esenciales: la incorruptibilidad (*aphtharsía*) y el estado de dicha o beatitud (*makariótes*). A partir de estas dos características fundamentales, Epicuro enuncia uno de los puntos capitales tanto de su enseñanza moral como de su propuesta teológica: la ausencia total de perturbación (*ataraxía*) de los dioses.

En la filosofía epicúrea el rechazo del providencialismo y del intervencionismo divino desempeña una función capital. La *ataraxía* de los dioses implica, por una parte, que no intervienen en el gobierno y administración del mundo, y, por la otra, que no se preocupan por los asuntos humanos, lo que excluye acudir a la noción de providencia.

En un primer momento, Epicuro centra su crítica religiosa en las creencias populares y en los relatos mitológicos;* y, en un segundo momento, dirige su atención a refutar la religión astral.** Al ignorar las dos propiedades fundamentales de la naturaleza divina, poetas y mitógrafos componen relatos que atribuyen a los mitos toda clase de pasiones, perturbaciones e inquietudes. Pero Epicuro se muestra especialmente beligerante con la religión astral, procedente de Platón y de los escritos

---

* Cf. Domenico Pesce, *Saggio su Epicuro*, Bari, Laterza, 1974, pp. 89-92.
** Cf. André-Jean Festugière, *Epicuro y sus dioses*, trad. de Javier Martín Barinaga, Salamanca, San Esteban, 2016, pp. 101-130.

perdidos de Aristóteles. En el *Sofista* (248e-249a) y en el libro X de las *Leyes*, Platón relaciona la existencia de los dioses con la providencia. Aristóteles, por su parte, compara la idea del reposo divino con el sueño, y la falta de interés de la divinidad por los asuntos humanos con un estado de somnolencia.* Para el estoico Boeto de Sidón, los dioses no pueden concebirse como inactivos, ya que de la esencia de los dioses no es posible eliminar la actividad.**

La divinización de los astros equivale a someter todos los acontecimientos del mundo a una necesidad inexorable que controla incluso la suerte de las almas individuales, lo que fomenta en los seres humanos el temor a los dioses. Sin embargo, Epicuro prescribe a sus discípulos una piedad sincera, de un marcado cuño «apolítico». Solo en la *ataraxía* el ser humano puede alcanzar la felicidad. Para el hombre piadoso, las fiestas religiosas brindan un momento propicio para acercarse a la perfección divina y observar la forma de vida de los dioses, que permanecen indiferentes con respecto a los asuntos humanos y ajenos al gobierno del universo.

La piedad de Epicuro consiste ante todo en no hacer declaraciones sobre los dioses que sean incompatibles con la prenoción de lo divino como un ser viviente indestructible que disfruta de una vida plenamente dichosa, y que excluye toda idea de providencia. Epicuro y sus discípulos se consideran los únicos que no asignan a los dioses atributos incompatibles con

---

* Aristóteles, *Metafísica*, Λ 7, 1072b, 1074b; *Ética a Nicómaco*, X 8, 1172b.

** S. V. F. III, pp. 265-266, fr. 7; Filón de Alejandría, *Sobre la incorruptibilidad del mundo*, 16.

esta prenoción. Filodemo se presenta como el encargado de preservar esta tradición epicúrea, la única verdaderamente piadosa.

Para Lucrecio, la naturaleza divina está exenta de perturbación, pasión e inquietud.* Los dioses se mantienen indiferentes con respeto al gobierno y administración del universo. Si los dioses son dichosos y no sufren ningún tipo de corrupción, viven en un estado de total imperturbabilidad (*ataraxía*), por lo que no puede atribuírseles ningún tipo de inquietud o preocupación. Y, al mismo tiempo que Epicuro y los epicúreos reivindican la que consideran su verdadera piedad, combaten la tiranía de los dioses que expresan los relatos míticos y el error que supone la religión astral.

El cuádruple remedio

El cuádruple remedio (*tetraphármakos*) aparece formulado varias veces en el corpus epicúreo: primero, por el propio fundador del Jardín: «Porque ¿quién crees que es superior a aquel que tiene opiniones piadosas sobre los dioses, que vive continuamente sin miedo a la muerte, que ha tenido en cuenta el fin de la naturaleza, y que comprende que el límite de los bienes es fácil de alcanzar en su plenitud y de adquirir, mientras que el límite de los males dura poco tiempo o no duele mucho?» (*Men.* § 133); también en las *Máximas Capitales* I-IV; y, después, por Filodemo de Gadara: «No hay que temer al dios, no hay que

---

* Lucrecio, *D. R. N.* II 644-651; 1090-1104; III 18-24; V 146-155; 1161-1182; VI 58-79; 379-422.

preocuparse por la muerte. Y, mientras que el bien es fácil de alcanzar, el mal es fácil de soportar» (*A los amigos de la escuela*, V 8).*

El sabio controla perfectamente su cuerpo y su alma, ya que el cuádruple remedio permite anestesiar de antemano cualquier tipo de sufrimiento moral o físico. En un pasaje de la inscripción de Enonada se exhorta a «cortar» las «raíces de todos los males», a saber, el miedo a los dioses, a la muerte, al dolor y, por último, «a los deseos que sobrepasan los límites naturales» (fr. 28 VII).

A cada uno de estos males, Epicuro aplica un remedio particular: para ahuyentar las preocupaciones, defiende un discurso que elimine las opiniones vanas y ponga de manifiesto las prenociones evidentes.

En la *Carta a Meneceo* (§ 123-124), compara la «prenoción» o «noción común» de la divinidad con el primer boceto (*hypographé*) de un cuadro. Las creencias religiosas habituales, que atribuyen a los dioses pasiones y preocupaciones incompatibles con su eternidad e imperturbable dicha, añaden a este esbozo primigenio elementos ajenos que lo ocultan o desfiguran. Ahora bien, se trata simplemente de meras suposiciones, cuyos objetos no tienen existencia alguna, es decir, opiniones vanas. Para disipar el temor vano que se desprende de estas creencias basta con regresar a la prenoción, «noción común» a todos los hombres, pero que pasa desapercibida a la mayoría de ellos.

El «argumento de las cunas», esgrimido frecuentemente en el Jardín, demuestra que el único recurso en verdad eficaz y

---

* Anna Angeli, *Filodemo. Agli amici di scuola (PHerc. 1005)*, edición, traducción y comentario, Nápoles, Bibliopolis, 1988, p. 173.

racional contra el sufrimiento es evitarlo. Solo los necios, o aquellos cuyo juicio es pervertido por normas descarriadas, pueden tratar de ofrecer resistencia al mal o incluso perseguirlo (Cicerón, *Fin.* I 29). Hacer el mal demuestra una impotencia ante la desgracia; por ello, el criminal considera erróneamente que la acción mala es el único remedio posible. Por el contrario, «el hombre imperturbable aporta serenidad a sí mismo y a los demás» (*S. V.* 79).

La filosofía de Epicuro no se despliega de modo lineal, sino que avanza en círculos concéntricos. El primero de ellos está concentrado en el cuádruple remedio, cuya posesión garantiza la felicidad, que consiste en la total ausencia de perturbación en el alma. No hay nada que temer de los dioses (lo que implica tener una opinión correcta y respetuosa de los dioses) (*Men.* § 123-124), no hay nada que temer de la muerte («la muerte no es nada para nosotros»), el dolor se puede soportar y el placer (en el que se basa la felicidad) se puede alcanzar.

Desde este punto central, podemos seguir el despliegue centrífugo que nos lleva hasta la ciencia de la naturaleza. No tenemos nada que temer de los dioses, ya que no se ocupan en absoluto de nuestros asuntos. Hemos de representarnos a los dioses acompañados de sus dos propiedades fundamentales: la dicha y la indestructibilidad. Conocer que somos mortales nos permite disfrutar más plenamente de la vida, ya que nos concentra en el tiempo limitado de nuestra existencia, y no deja que lo perdamos por un deseo vano de inmortalidad. El análisis del dolor y del placer nos permite descubrir la naturaleza del alma, que es un cuerpo dentro de otro cuerpo. La muerte consiste en la separación y disgregación común del alma y del cuerpo.

La ausencia de dolores corporales equivale, para Epicuro, a la salud, que se corresponde con la conservación de la naturaleza en un organismo que goza de buena salud (*Men.* § 128; *S. V.* 37; Cicerón, *Fin.* II 31, p. 48, 1-2). De este modo, los epicúreos se disputan con los estoicos la dificultad de explicar la conservación de los seres vivos sin recurrir a la teoría platónica de la participación de las cosas sensibles en las ideas incorruptibles.

La *Carta a Meneceo* se basa en la convicción de que la vida buena se alcanza mediante la razón, que «permite relacionar cada elección y cada rechazo con la salud del cuerpo y con la imperturbabilidad del alma» (*Men.* § 128). Por lo tanto, la razón es el medio más fiable para acceder a la vida buena (*M. C.* XVI). Según Epicuro, todos nuestros deseos y necesidades pueden modificarse por la razón para orientarse hacia nuestro bien supremo. Ningún deseo es de tal modo que no pueda ser controlado por la razón. Epicuro señala que hacemos todo para conseguir la salud (la «ausencia de dolor») del cuerpo y la tranquilidad («imperturbabilidad») del alma (*Men.* § 128), y evitar sus contrarios, el sufrimiento y la perturbación. Todo placer es en sí mismo un bien, debido a que es natural, y todo dolor, que es lo opuesto al placer, es en sí mismo un mal. La vida feliz radica en eliminar los vanos temores y en dedicarse a los placeres moderados. La prudencia es el principio regulador que nos permite discernir los placeres buenos y corregir nuestras falsas opiniones, que nos llevan a temer de manera insensata a los dioses y a la muerte.

Liberarse del miedo a la muerte depende de cierta atención a nuestras representaciones, así como a cierta manera de aprehender la temporalidad. «Acostúmbrate a pensar que la muerte no es nada para nosotros, porque todo bien y todo mal radica en la sensación, y la muerte es la privación de la sensación» (*Men.* § 124).

Epicuro no dice que la muerte no es nada, sino que no es nada «para nosotros».* En este sentido, nuestra propia muerte no es nada para nosotros. Para librarnos del miedo a la muerte, los epicúreos no niegan que sea algo, considerada por lo que es, como la muerte en sí misma, es decir, la disolución del compuesto formado por el ser vivo. Pero esto no impide que no sea nada «para nosotros». El objeto sensible es objeto de sensación por la sensibilidad del sujeto, es decir, solo «para él». El animal muerto no puede percibirse a sí mimo muerto, ya que la disolución del compuesto implica la pérdida de la sensación, y la sensación —para los epicúreos— es el criterio de la verdad. Una vez muertos, ya no estaremos aquí para arrepentirnos de la vida.

Epicuro no trata de erradicar la muerte como hecho, sino el miedo que se tiene de ella. De este modo, invierte radicalmente la propuesta de Platón en el *Fedón* de la filosofía como preparación para la muerte, basada en la demostración de la inmortalidad del alma. Para Epicuro, la filosofía extirpa el miedo a la muerte, porque el alma, como el cuerpo, es mortal: el alma, causa de la sensibilidad, se disuelve en la muerte al mismo tiempo que el cuerpo al que anima.

La muerte, nos advierte Lucrecio, no significa nada para nosotros y no tenemos nada que ver con ella (*D. R. N.* III 830). No significa nada en la medida en que no afecta a nuestro compuesto alma-cuerpo, al anular toda posibilidad de sensación. Cualquier agregado de átomos, sea cual sea su densidad

---

* Cf. Diego Lanza, «La massima epicurea: "nulla è per noi la morte"», en Francesco Romano (ed.), *Democrito e l'atomismo antico. Atti del Convegno Internazionale, Catania 18-21 aprile 1979*, Catania, Facoltà di lettere e filosofia dell'Università di Catania, 1980, pp. 357-365.

inicial, está abocado a descomponerse. Todo cuerpo está sometido sin cesar a una pérdida continua de átomos, pero también gana constantemente otros nuevos, al incorporarse al conglomerado una cantidad de átomos compatibles que chocan con él desde el exterior. Un cuerpo está vivo mientras sus pérdidas atómicas no superen sus ganancias. Así, se desgasta, desde el mismo instante en que, al no poder compensar las pérdidas atómicas, no logra mantenerse en ese frágil estado de equilibrio y se encamina a la muerte. Todos los compuestos se disuelven, unos más rápido y otros más lentos (*Her.* § 73). Solo los dioses se salvan de esta disolución, porque sus cuerpos son compuestos, pero incorruptibles (o indestructibles) (Usener 99), ya que son de naturaleza sutil y habitan en los intermundos,* refugios preservados de la degeneración y la corrupción.

En el preámbulo a la *Carta a Heródoto*, Epicuro señala la utilidad de reducir toda la materia de la física «a elementos y a fórmulas simples», que el pensamiento podrá fácilmente «abarcar por entero en sí mismo, mediante fórmulas breves» (*Her.* § 36). Asimismo, la exposición es un resumen que ofrece la «impronta elemental de toda la doctrina» (*Her.* § 35). Como la inscripción de Enoanda, este resumen debe servir de guía a sus lectores (D. E., fr. 1 II 1 y 2 III 3; *Her.* § 35 y 83). Aunque no hayan profundizado plenamente en su doctrina, gracias a esta ayuda podrán «sin hacer uso de expresiones verbales, recorrer los principios fundamentales a la velocidad del pensamiento para alcanzar así la serenidad» (*Her.* § 83).

* Espacios vacíos situados entre los mundos infinitos en número.

La terapia epicúrea emplea el lenguaje que permite una proyección del pensamiento (*Her.* § 38 y 51), la captación intuitiva por un acto de atención de ciertas nociones evidentes, en particular prenociones. En efecto, mediante un lenguaje hecho de «fórmulas breves» (*Her.* § 36), fáciles de memorizar, el pensamiento, «liberado y purificado de las opiniones vanas» (Plutarco, *Grilo*, 989e), accede a esta captación casi visual de la evidencia. Sin embargo, al final de este proceso, el lenguaje se aparta para dar paso a una intuición instantánea, y el alma queda quieta, en silencio, en un estado pleno de serenidad.

La oposición de lo vacío y lo lleno, que domina íntegramente la física de Epicuro, se proyecta en su ética. La *ataraxía* es la ausencia de perturbaciones en el alma, afecciones impregnadas de vacuidad; pero, al hacerse presente en el alma, la colma de bien (*Men.* § 128), que no puede aumentar, ya que, como el placer en el cuerpo, está llena. Epicuro compara la perturbación interior del alma con una conmoción semejante a la que provoca una tormenta, y su apaciguamiento, con una disolución (*Men.* § 128).

La filosofía, para Epicuro, no consiste en un ideal contemplativo, sino en un ejercicio práctico. En la *Carta a Meneceo* (§ 132), Epicuro alude directamente a la función de la prudencia y su vinculación con el razonamiento, presentando la filosofía misma como prudencia.

En efecto, la prudencia es la condición del placer; y el placer, la condición de las virtudes, de tal modo que la vida virtuosa se equipara con la auténtica vida de placer. Sin embargo, el placer se diferencia de la virtud, dado que los animales también son capaces de placer, mientras que la virtud queda reservada exclusivamente a los seres humanos. De hecho, la prudencia sopesa las ventajas y los inconvenientes de los placeres; permite discernir correctamente lo bueno de lo malo, lo que, en la práctica, ha de elegirse y lo que hay que evitar y repudiar. De este modo, en aras del verdadero placer, del más continuo, el único que salvaguarda la vida feliz, la función de la prudencia consiste en escoger los placeres y dolores aceptables. El placer verdadero no procede del goce, sino de que el cuerpo no sufra y de que el alma no se vea perturbada.

El razonamiento sobrio aporta este tipo de placer, en la medida en que busca las causas de las elecciones y los rechazos, y disipa las opiniones que perturban el alma. Se trata de un razonamiento que entra en contacto directo con las cosas, sin dejarse invadir por ellas. Este tipo de razonamiento se ocupa de los asuntos humanos, de los asuntos propiamente éticos, se concentra en ellos y, por lo tanto, puede emitir un juicio sobre lo que está bien hacer o no hacer.

No es posible vivir de manera buena y justa sin vivir de manera agradable, y, a su vez, no es posible vivir de manera agradable sin vivir con prudencia (*Men.* § 132). Por ello, la prudencia es incluso más valiosa que la filosofía.

Pero, para Epicuro, no se trata de «filosofía», sino de «filosofar». Vivir como un filósofo no queda restringido a vivir enseñando o estudiando, sino dedicándose a la actividad del filósofo, actividad que se ejerce sobre uno mismo. Filosofar consiste en cuidar la salud de tu propia alma. No hay edad para filosofar: «Que nadie postergue la filosofía por ser joven, ni que nadie se canse de filosofar por ser viejo. Pues nadie es demasiado joven ni demasiado viejo para alcanzar la salud del alma» (*Men.* § 122).

Fuentes

Usener, Hermann, *Epicurea*, Leipzig, Teubner, 1887.

Arrighetti, Graziano, *Epicuro Opere*, 2ª ed., Turín, Einaudi, 1973.

Abreviaturas

Adv. Math. Sexto Empírico, *Adversus Mathematicos* = *Contra los matemáticos*

D. E. Diógenes de Enoanda

D. K. Diels, Hermann y Kranz, Walter, *Die Fragmente der Vorsokratiker. Griechisch und Deutsch*, 3 vols., 6.ª ed., Berlín, Weidmann, 1951-1952.

D. L. Diógenes Laercio, *Vidas de los filósofos ilustres*

D. R. N. Lucrecio, *De rerum natura* = *Sobre la naturaleza de las cosas*

D. N. D. Cicerón, *De natura deorum* = *Sobre la naturaleza de los dioses*

Ep. Séneca, *Epístolas morales a Lucilio*

Fin. Cicerón, *De finibus* = *Sobre los fines*

Her. Epicuro, *Carta a Heródoto*

Men. Epicuro, *Carta a Meneceo*

M. C. Epicuro, *Máximas Capitales*

P. Herc. Papyri Herculanenses = *Papiros de Herculano*

Pit. Epicuro, *Carta a Pitocles*

S. V. Epicuro, *Sentencias Vaticanas*

S. V. F. Arnim, Hans von, *Stoicorum Veterum Fragmenta*, con índices elaborados por M. Adler, 4 vols., Leipzig, Teubner, 1903-1924 (reimpr. 1968).

Sugerencias para profundizar en el tema

Acosta Méndez, Eduardo, *Estudios sobre la moral de Epicuro y el Aristóteles esotérico*, Madrid, Fundación Juan March, 1977.

Álvarez, Enrique A., *El Gnomologium Vaticanum y la filosofía de Epicuro*, Madrid, UAM, 2016.

Bailey, Cyril B., *Epicurus: The Extant Remains*, Oxford, Clarendon Press, 1926.

Farrington, Benjamin, *La rebelión de Epicuro*, trad. de José Cano Vázquez, 2ª ed., Barcelona, Laia, 1974.

García-Baró, Pedro, *Epicuro. Carta a Meneceo*, edición bilingüe y comentario, Salamanca, Ediciones Sígueme, 2024.

García Gual, Carlos, *Epicuro*, Madrid, Alianza, 1981.

—, y Eduardo Acosta Méndez, *Epicuro. Ética. La génesis de una moral utilitaria*, Barcelona, Barral, 1974.

Giovacchini, Julie, *Épicure*, París, Les Belles Lettres, 2008.

Helmer, Étienne, *Epicuro: la economía de la felicidad*, Madrid, Editorial Popular, 2023.

Jufresa, Montserrat, *Epicuro. Obras*, con la colaboración de Montserrat Camps y Francesca Mestre, Madrid, Tecnos, 1991.

Konstan, David, *«A Life Worthy of the Gods»: The Materialist Pyschology of Epicurus*, Las Vegas, Parmenides Publishing, 2008.

Lledó, Emilio, *El epicureísmo. Una sabiduría del cuerpo, del gozo y de la amistad*, Barcelona, Montesinos, 1984.

Marcio Cid, Ignacio, *La psicoterapia filosófica de Epicuro*, Berlín, Peter Lang, 2020.

Mitsis, Phillip (ed.), *Oxford Handbook of Epicurus and Epicureanism*, Oxford, Oxford University Press, 2020.

Morel, Pierre-Marie, *Épicure: la nature et la raison*, París, Vrin, 2009.

Pasquali, Antonio, *La moral de Epicuro*, Caracas, Monte Ávila, 1970.

Rist, John M., *Epicurus: An Introduction*, Cambridge, Cambridge University Press, 1972.

Rodríguez Donis, Marcelino, *El materialismo de Epicuro y Lucrecio*, Sevilla, Universidad de Sevilla, 1989.

Vara, José, *Epicuro. Obras completas*, Madrid, Cátedra, 1995.

Verde, Francesco, *Epicuro*, Roma, Carocci, 2013.

Wilson, Catherine, *Epicureanism: A Very Short Introduction*, Oxford, Oxford University Press, 2015.

El arte de la felicidad

Carta a Heródoto

Epicuro saluda a Heródoto:*

[35] Para aquellos que no son capaces, Heródoto, de dar cuenta pormenorizada de cada una de las obras que hemos escrito sobre la naturaleza, ni de examinar los libros más importantes que hemos compuesto, he preparado un epítome de la doctrina en su totalidad con el fin de que retuvieran en su memoria las nociones más relevantes, de manera adecuada, para que, en todas las circunstancias, puedan ayudarse en las cuestiones principales, según su grado de contacto con el estudio de la naturaleza. Y es necesario que incluso aquellos que han avanzado lo suficiente en el examen de todas las cuestiones conserven en la memoria la impronta elemental de toda la doctrina; pues a menudo necesitamos la percepción del conjunto, pero no de la misma manera la percepción de los detalles.

---

* En la traducción, los escolios aparecen señalados siempre entre corchetes cuadrados [...].

Los corchetes angulares <...> indican, por su parte, las inserciones textuales propuesta por los estudiosos.

Las cruces †...† se utilizan para señalar la presencia de pasajes imposibles de modificar debido al estado de corrupción irremediable del texto.

[36] Así pues, es necesario recurrir continuamente también al conjunto de la doctrina <y> hay que hacerlo en la memoria; de ello resultará la aplicación capital sobre las cosas y se descubrirá también todo el conocimiento exacto relativo a los detalles, una vez que se hayan comprendido y recordado bien las improntas más generales; ya que, incluso para los que han alcanzado completamente la perfección, este es el punto principal de todo conocimiento exacto, es decir, poder servirse fácilmente de las percepciones y <esto es imposible si todas las cosas no> conducen a elementos y fórmulas simples. Pues no es posible que uno revise continuamente la masa compacta de todas las doctrinas si no es capaz de abarcar por entero en sí mismo, mediante fórmulas breves, lo que ha examinado cuidadosamente también en detalle.

[37] Por ello, dado que este método es útil para todos aquellos que están familiarizados con el estudio de la naturaleza, recomendando una actividad continua en el estudio de la naturaleza y obteniendo aquello que proporciona la mayor serenidad en la vida, <he elaborado> para ellos también un epítome y una exposición elemental de las tesis generales.

Pues bien, Heródoto, en primer lugar, es necesario haber comprendido lo que subyace en las palabras, para que podamos juzgar, remitiéndonos a ello, lo que es objeto de opinión[1] o de investigación o lo que plantea dificultades, y que no quede sin decidir, al proceder sin fin en las demostraciones, o que no posea palabras vacías.

---

1. El error surge siempre de la «opinión» (*dóxa*). Para Epicuro, a diferencia de las sensaciones, no todas las opiniones son verdaderas.

[38] Es necesario, en efecto, considerar la noción primaria correspondiente a cada palabra, y que esta no requiera de una demostración adicional, si queremos tener algo para referirnos a lo que es objeto de investigación o a lo que plantea dificultades y a lo que es objeto de opinión

También hay que dar cuenta de todo basándonos en las sensaciones[2] y, en general, en las aplicaciones actuales tanto del pensamiento como, a veces, de cualquier otro criterio, e igualmente en los sentimientos que experimentamos, para tener los medios con los que inferir tanto lo que espera confirmación como lo que no es evidente.

Una vez comprendidos estos puntos, debemos considerar ahora lo que no es evidente; en primer lugar, nada se genera a partir de lo que no lo es, puesto que, si así fuera, todo se generaría a partir de todo, sin necesidad de semillas.

[39] Y, si lo que desaparece se corrompiera en lo que no es, todas las cosas se habrían destruido, al no existir aquello en lo que se disolvieron. Y hay que dar por sentado también que el todo siempre fue tal como es ahora y que siempre será así, puesto que no hay nada en lo que cambie, ya que no hay nada además del todo que, habiendo penetrado en él, sea capaz de producir un cambio. Asimismo, el todo [esto lo dice también al comienzo del *Gran Epítome* y en el libro primero del *Sobre la naturaleza*] es <cuerpos y vacío>; en efecto, que los cuerpos

---

2. Las «sensaciones» (*aisthéseis*) son, por antonomasia, el primer criterio de la verdad (D. L. X 31). Las sensaciones son siempre verdaderas, en tanto existen y en cuanto las sentimos (D. L. X 32). Los errores son solo errores de juicio, y únicamente las sensaciones nos liberan de ellos (*Her.* § 50-52).

existen,[3] por un lado, lo confirma en todos los casos la propia sensación, en referencia a la cual, mediante el razonamiento, es necesario inferir lo que no es evidente, como ya he dicho antes.

[40] Si no existieran, por otro lado, lo que llamamos «vacío»,[4] «espacio» y «naturaleza intangible», los cuerpos no tendrían dónde permanecer ni por dónde moverse, como manifiestamente se mueven. Además de estas cosas,[5] no es posible concebir nada, ni por comprensión ni por analogía con lo que se deriva de la comprensión, ya que se entienden como naturalezas completas y no se interpretan como las cosas que son sus accidentes o propiedades.

Asimismo, [y dice esto también en el libro primero del *Sobre la naturaleza*, en los libros XIV y XV, y en el *Gran Epítome*] de los cuerpos, los unos son agregados, los otros son aquello de lo que están compuestos los agregados.

[41] Y estos son indivisibles e inmutables, si es verdad que todas las cosas no se destruyen en lo que no es, sino que permanecen firmes en las disoluciones de los agregados, ya que son

---

3. A partir de la noción de «cuerpo», podemos remontarnos a los principios de la física epicúrea, los átomos y el vacío. Todos los cuerpos sensibles están compuestos de átomos y de vacío, ambos invisibles, además de la noción de *clinamen*, que cimentan toda la explicación de la naturaleza. Epicuro funda su filosofía en el estudio de la naturaleza.

4. El «vacío» (*kenón*) es lo único incorpóreo que existe por sí mismo (*Her.* § 67). El vacío existe a la par que los cuerpos atómicos. El todo está constituido de átomos y vacío (*Her.* § 39-40). Sin el vacío, el movimiento de los átomos y de los cuerpos sensibles sería imposible. En la ética, este mismo término se traduce por «vano»: «opinión vana» (*kenè dóxa*).

5. A saber, los cuerpos y el vacío.

de una naturaleza llena y no tienen dónde ni cómo disolverse. Por consiguiente, es necesario que los principios indivisibles sean las naturalezas de los cuerpos.

Además, el todo es ilimitado.[6] Pues lo que es limitado posee un extremo; ahora bien, el extremo es observable con respecto a otra cosa; <el todo, sin embargo, no es desde luego observable con respecto a otra cosa>; por consiguiente, al no tener extremo, no tiene límite; pero, al no tener límite, el todo solo podría ser ilimitado y sin límite.

Y, asimismo, con respecto a la multitud de cuerpos y a la magnitud del vacío, el todo es ilimitado.

[42] Pues si el vacío fuera ilimitado y, en cambio, los cuerpos limitados, los cuerpos no podrían permanecer en ningún lugar, sino que se arrastrarían dispersos por el vacío ilimitado, sin tener nada que los sostuviera y empujara después de las colisiones; y, si el vacío fuera limitado, los cuerpos ilimitados no tendrían dónde quedarse.

Además, aquellos cuerpos que son indivisibles y compactos, a partir de los cuales se generan los agregados y en los que se disuelven, tienen una cantidad inconcebible de formas distintas: pues no es posible que se generen tantas diferencias a partir de

---

6. Epicuro presenta aquí su demostración de la ilimitación del todo (*Her.* § 41). El universo (*tò pân*, literalmente «el todo») es eterno, idéntico a sí mismo, se identifica con el ser, es ilimitado y abarca todos los mundos, que son infinitos en número. El universo es uno, y los mundos, en cambio, son ilimitados. Todo lo que es (= universo) es «cuerpos y vacío» (*Her.* § 39-40). Sin el vacío, el todo sería un conglomerado material, desprovisto de intervalos o intersticios. Ya en la Antigüedad, con gran anterioridad a los físicos del siglo XVII, Epicuro y los epicúreos defienden la concepción de un universo ilimitado.

unas mismas formas limitadas. Y, para cada una de estas formas, los átomos similares son absolutamente ilimitados, mientras que, en cuanto a sus diferencias de forma, no son absolutamente ilimitados sino solo inconcebibles,[7] [43] [ni por división, dice más adelante, podría proceder al infinito, y dice esto porque las cualidades cambian,] a menos que se quiera hacerlos absolutamente ilimitados incluso en cuanto al tamaño. Los átomos, entonces, se mueven continuamente [también dice más adelante que se mueven a igual velocidad, ya que el vacío deja pasar tanto al más ligero como al más pesado] durante la eternidad, y algunos se alejan unos de otros a gran distancia, mientras que otros retienen allí con fuerza su vibración, cuando quedan atrapados en el entramado o cubiertos por átomos enmarañados.

[44] Así pues, la naturaleza del vacío, que delimita cada átomo en sí mismo, permite esto, ya que es incapaz de ofrecer un soporte; además, la solidez, que caracteriza a los átomos, produce el rebote a consecuencia de la colisión, hasta que el entramado permita que vuelvan a su posición inicial, tras la colisión.[8] No existe ningún principio de estas naturalezas, ya que los átomos y el vacío son eternos. [Más adelante dice que los átomos

---

7. El «átomo» (*átomos*) es el elemento indivisible e inalterable, no compuesto, a partir del cual se forman los cuerpos compuestos. Todo lo que existe se compone de átomos y vacío. El átomo, elemento primero y elemental, se caracteriza por su indivisibilidad. Las cualidades del átomo son las siguientes: «La forma y el peso y el tamaño y todo lo que es necesariamente inherente a la forma» (*Her.* § 54). Sin los átomos, la división de los cuerpos no tendría comienzo ni fin.

8. La «colisión» o «choque» (*plegé*) es una de las tres posibles causas del movimiento de los átomos, junto con el peso y la declinación.

ni siquiera poseen cualidades, salvo la forma, el tamaño y el peso;[9] y en los *Doce elementos* afirma que el color cambia según la posición de los átomos. Más aún, no poseen ningún tamaño; pues jamás ha sido visto un átomo por la sensación].

[45] Precisamente, una formulación así, si se recuerda todo el análisis precedente, proporciona una impronta suficiente para concebir la naturaleza de las cosas que son.

Pero, además, los mundos son ilimitados en número, tanto los semejantes como los desemejantes. Los átomos, en efecto, siendo ilimitados, como se acaba de demostrar, también llegan hasta donde pueden llegar. Pues estos átomos, a partir de los cuales podría generarse un mundo o por efecto de los cuales podría constituirse un mundo, no se consumen ni en un solo mundo ni en un número limitado de mundos, ni en tantos como sean similares a ellos ni en tantos como sean diferentes de ellos. Por consiguiente, nada obstaculiza la ilimitación de los mundos.

[46] Y justamente hay improntas de la misma forma que los sólidos, que por su sutileza son muy diferentes de lo que apa-

---

9. El «peso» (*báros*) es una de las tres causas posibles del movimiento de los átomos, junto con las colisiones y la declinación. Aunque el peso sea diferente, los átomos caen en el vacío a la misma velocidad. Los movimientos oblicuos, provocados por las colisiones, también se producen a la misma velocidad.

La «declinación» (*parégklisis*) es un movimiento espontáneo, completamente indeterminado, por el que los átomos se desvían muy ligeramente de su trayectoria de caída. Según Lucrecio, sin este movimiento espontáneo de los átomos no podría explicarse nuestra libertad (*D. R. N.* II 251-293). Sin embargo, en ningún pasaje de las obras conservadas de Epicuro encontramos una referencia que corrobore en su física la teoría de la declinación.

rece. Pues no es imposible que en el entorno circundante se generen tales emanaciones, ni que se den las condiciones apropiadas para producir las partes huecas y sutiles, ni que los efluvios conserven la disposición y el orden externos que tenían también en los sólidos: a estas improntas las llamamos simulacros.[10] Además, el movimiento a través del vacío, al producirse sin encontrarse con cuerpos que colisionen, cubre toda longitud comprensible en un tiempo inconcebible. En efecto, la presencia y la ausencia de colisiones adquieren una similitud con la lentitud y la velocidad.

[47] El mismo cuerpo en movimiento, desde luego, no llega al mismo tiempo a varios lugares, según los tiempos observables con la razón —pues es inconcebible—; y este cuerpo, que llega en un tiempo perceptible desde un punto cualquiera de lo ilimitado, no estará partiendo de aquel lugar desde el que pudimos captar que comienza su movimiento: se comportará, en efecto, de forma similar a la colisión, aunque hasta este punto hayamos dejado la velocidad del movimiento sin obstáculos. Es útil, por lo tanto, retener también en la mente este principio básico.

Luego nada de lo que aparece contradice que los simulacros posean sutilezas insuperables; por lo tanto, también poseen una velocidad insuperable, ya que encuentran todo paso a su medida para que no haya ningún obstáculo o un obstáculo de poca magnitud, mientras que un gran número o incluso una infinidad de átomos colisionan de inmediato †...†.

[48] Además de esto, nada contradice que la generación de simulacros se produce al mismo tiempo que la velocidad del

---

10. No solo la vista y los otros sentidos, sino también el pensamiento supone que algo de los objetos exteriores penetra en nosotros (*Her.* § 49).

pensamiento. Y, en efecto, hay un flujo continuo desde la superficie de los cuerpos, que no es visible por la disminución de los
cuerpos debido a un rellenado compensatorio, un flujo que preserva durante mucho tiempo la posición y el orden que los átomos
tenían en el cuerpo sólido, aunque a veces se disperse y en el
entorno circundante se formen composiciones rápidas debido a
que no necesitan rellenarse en profundidad, y existen además
otras maneras en que tales naturalezas se generen.[11] Nada de esto
se contradice con el testimonio de los sentidos, si se considera de
qué manera ese flujo hará referencia a las fuerzas y las sim-
patías, que proceden desde los objetos externos hasta nosotros.

[49] Es necesario también considerar que vemos las formas
y las pensamos en el momento en que algo nos llega de los
objetos externos; pues los objetos externos no podrían imprimir
en nosotros la naturaleza de su propio color y forma a través del
aire que se interpone entre ellos y nosotros, ni siquiera por
medio de rayos o de cualquier tipo de flujos que parten de
nosotros hacia ellos, del mismo modo que ciertas improntas
penetran en nosotros desde las cosas que mantienen el mismo
color y también la misma forma que ellas conforme a una magnitud adecuada a la vista o al pensamiento, mediante movimientos rápidos;[12] [50] entonces, por esta razón, proporciona

---

11. Un continuo proceso de reparación compensa las pérdidas que
experimenta el compuesto (*Her.* § 48). La captura de nuevos átomos en el
medio circundante permite una continua reparación de las pérdidas. Por ello,
los cuerpos sensibles no desaparecen, no se «difuminan» rápidamente, aunque de su superficie no se detenga la pérdida continua de simulacros.

12. Finas películas de átomos preservan la configuración general de los
objetos y de ellos emanan ininterrumpidamente. Su acumulación en nuestros
ojos durante un instante sensible produce una «representación» (*phantasía*).

la representación de un objeto único y continuo, y conserva la simpatía[13] generada desde el objeto subyacente como resultado del impacto coordinado de ese objeto que se origina en la vibración de los átomos en la profundidad del sólido.

Y la representación que nosotros captaríamos mediante el pensamiento o a través de los órganos sensoriales, ya sea de la forma, ya sea de las propiedades, es la forma del propio sólido, generada en conformidad con la sucesión condensada del simulacro o con un residuo de este.

La falsedad y el error se encuentran siempre en lo que se añade en la opinión <respecto a lo que espera ser confirmado> o no ser desmentido y que sin embargo no es confirmado <o es desmentido> [a causa de cierto movimiento que surge en nosotros unido a la aprehensión representativa,[14] pero que, con respecto a esta, presenta una diferencia, según la cual se genera la falsedad].

[51] En efecto, con respecto a lo que existe y que designamos como verdadero, la semejanza de las representaciones captadas casi como en un cuadro pintado, o surgidas en el

---

13. La noción de simpatía, o coafección, designa tanto la unión de dos cuerpos (el alma es un cuerpo dentro de otro cuerpo), como la unión de las partes del alma entre sí. La simpatía se genera por la yuxtaposición interna de los elementos que constituyen el alma con los demás elementos que constituyen el cuerpo.

14. La expresión «aprehensión representativa» (*phantastikè epibolé*) designa el procedimiento mediante el cual visualizamos mentalmente lo invisible y, en concreto, los átomos. Según Diógenes Laercio (X 31), los seguidores de Epicuro establecen esta expresión como un cuarto criterio de la verdad, junto a las sensaciones, las prenociones —o preconcepciones— y las afecciones.

sueño o en algunos otros modo de percepción —del pensamiento o de otros criterios—, no podría existir si no existieran esas mismas cosas hacia las que nos dirigimos; pues el error no podría existir si no percibiéramos también algún otro movimiento dentro de nosotros mismos, conectado <con la aprehensión representativa,> pero diferenciándose de ella; ahora bien, la falsedad se genera en virtud de ese movimiento, si no se confirma o se desmiente; si, por el contrario, se confirma o no se desmiente, se genera la verdad.

[52] Por lo tanto, esta doctrina también debe mantenerse con firmeza, para que no se destruyan los criterios basados en la evidencia[15] y para que el error, igualmente establecido, no provoque una confusión total.[16]

Por otra parte, la audición se genera por un flujo de salida de aquello que emite una voz o resuena o hace ruido o de cualquier otra forma de aquello que produce una afección acústica. Este flujo se dispersa en corpúsculos de partes semejantes que mantienen simultáneamente una simpatía recíproca y una peculiar unidad que tiende hacia aquello que las emite y que en su mayor parte produce una percepción de ese objeto, o al menos manifiesta solo su presencia externa.

15. La «evidencia» (*enárgeia*) es la certeza que proporciona la sensación, o lo que deriva de ella. Se trata de uno de los criterios de la verdad, junto con las sensaciones, las prenociones y las afecciones.

16. Para los epicúreos, hay cuatro criterios de la verdad: las sensaciones, las «prenociones» (*prolépseis*), las afecciones, es decir, el placer y el dolor, y las aprehensiones representativas del pensamiento. La sensación siempre es verdadera. Por ello, todos los criterios remiten en última instancia a la sensación. El juicio falso y el error residen en lo que es añadido por la opinión (*Her.* § 50).

[53] Pues sin una cierta simpatía procedente de allí, no podría generarse tal percepción. Y no debe, por lo tanto, considerarse que el aire mismo se forma por la voz que se emite o por sonidos del mismo tipo —ya que no podría experimentar ese proceso a partir de esa voz— sino que, en cuanto emitimos la voz, inmediatamente el impacto que se genera en nosotros produce una expulsión de ciertos corpúsculos, que van a constituir un flujo de salida semejante al hálito, que nos causa la afección acústica.

Del mismo modo hay que considerar que el olfato, como también en el caso del oído, no podría producir ninguna afección si no hubiera determinados corpúsculos, que se desprenden del objeto, proporcionalmente constituidos de tal manera que se dirigen hacia el órgano sensorial, unos provocando perturbación y una sensación molesta, y otros ninguna perturbación y una sensación agradable.

[54] Y ciertamente hay que considerar que los aromas no presentan ninguna cualidad de fenómeno, salvo la forma y el peso y el tamaño y todo lo que es necesariamente inherente a la forma. En efecto, toda cualidad cambia; los átomos, en cambio, no cambian en absoluto, ya que es necesario que en las disoluciones de los agregados quede algo sólido e indisoluble, que producirá los cambios no hacia lo que no es ni desde lo que no es, sino por medio de transposiciones en muchos cuerpos y también por aumento y por sustracción de algunos de ellos. Por eso es necesario que lo que sufre transposiciones sea incorruptible y no tenga la naturaleza de lo que cambia, sino que posea sus propias masas y conformaciones; ya que también estas cosas deben necesariamente subsistir.

[55] Y, en efecto, en las cosas que cambian de forma por erosión externa, la forma se percibe como persistente; las cua-

lidades, en cambio, no persisten en lo que cambia del mismo modo que lo que permanece, sino que se desvanecen de todo el cuerpo. Por lo tanto, lo que permanece es suficiente para determinar las diferencias de los agregados, ya que es absolutamente necesario que algo permanezca y no se corrompa en lo que <no es>. Sin embargo, no es necesario sostener que en los átomos existe todo tipo de magnitud para que los fenómenos no lo desmientan; es necesario sostener, por el contrario, que existen ciertas diferencias en las magnitudes; pues una vez que esto también se presupone, se justificará mejor lo que concierne a las afecciones[17] y las sensaciones.

[56] No es útil que existan todas las magnitudes para justificar las diferencias de cualidad, y al mismo tiempo sería necesario que los átomos visibles llegaran hasta nosotros; lo que no se observa que ocurra, ni es posible concebir cómo podría ser visible un átomo.

Además, no hay que suponer que exista un número ilimitado de partículas en un cuerpo delimitado, ni de cualquier tamaño. Así pues, no solo debemos excluir la división al infinito hacia lo más pequeño para no volver inconsistentes todas las cosas y, al concebir los complejos atómicos, no vernos obligados a disolver en lo que no es las cosas que son comprimiéndolas, sino que no debemos sostener que en lo que está delimitado existe también una transición al infinito ni <hacia> lo que es más pequeño.

---

17. Hay dos especies de «afección» (*páthos*): el placer y el dolor. Dado que las afecciones son reglas de vida, constituyen criterios de la verdad; nos aportan información sobre un objeto, y nos enseñan si puede estar de acuerdo o no con nuestra naturaleza.

[57] Pues en el caso de que alguien dijera que existen en un cuerpo concreto partículas ilimitadas en número o de cualquier tamaño, no es posible concebir cómo podría ocurrir esto; además, ¿cómo podría ese cuerpo estar limitado en tamaño? Pues está claro que las partículas ilimitadas en número son de un tamaño determinado; y, fueran cuales fuesen sus dimensiones, el tamaño del cuerpo también sería ilimitado. Puesto que lo que es limitado tiene un extremo distinguible, aunque no sea observable en sí mismo, no es posible no pensar que lo que le sigue sea distinto, y que, de este modo, resulta que, procediendo sucesivamente hacia delante, se llega así con el pensamiento a plantear la existencia de lo infinito.

[58] Es preciso pensar, además, que el mínimo que puede percibirse por la sensación no es semejante a aquello que permite pasos de un lugar a otro, ni completa y absolutamente distinto de ello, sino que posee algo en común con aquello que admite el paso de un lugar a otro, pero que no presenta ninguna diferencia de partes. Pero cuando, por la semejanza de este rasgo común, pensamos en diferenciar alguna parte de ello, una aquí y otra allá, es necesario que se nos presente un mínimo igual. Observemos estas partes consecutivamente, empezando por la primera y no en el mismo lugar, ni en contacto por medio de las partes, sino cada una en su propia singularidad capaz de medir las magnitudes, mayor para las mayores y menor para las menores.

Hay que suponer que esta analogía se aplica también al mínimo en el átomo;[18] [59] es evidente que aquello por minúscu-

---

18. Los elementos últimos de los átomos o mínimos son magnitudes físicas, no puntos matemáticos. Todo átomo contiene un número entero de mínimos, y todos los mínimos son iguales.

lo difiere de lo que observamos por la sensación; sin embargo, se le aplica la misma analogía; puesto que también hemos indicado que, según esta misma analogía, el átomo tiene magnitud, proyectando a gran escala solo algo pequeño.

Y, de nuevo, mediante la teoría racional de lo invisible, es necesario considerar como límites las cosas mínimas sin partes, que en sí mismas constituyen la primera medida de tamaño para lo que es más grande y para lo que es más pequeño. Lo común que existe entre ellos[19] y lo que no admite pasos de un lugar a otro es, en efecto, suficiente para completar lo dicho hasta ahora; no es posible, por otra parte, que a partir de ellos, como si tuvieran movimiento, se formara un agregado.

[60] Asimismo, en lo que concierne a lo infinito no cabe referirse a lo más bajo o lo más alto como lo más alto o lo más bajo. Sabemos, sin embargo, que el espacio que está por encima de la cabeza con relación a donde nos encontramos, puesto que es posible llevarlo hasta el infinito, nunca nos parecerá bajo, o que el espacio que está por debajo de lo que se piensa como infinito está simultáneamente por encima y por debajo de la misma cosa: esto, en efecto, es imposible de concebir. De modo que es posible captar una única dirección de movimiento concebida hacia arriba hasta el infinito y otra hacia abajo, aunque innumerables veces un cuerpo que se moviera de nosotros <sobre> los lugares situados por encima de nuestra cabeza llegara a los pies de los que están por encima de nosotros, o un cuerpo que se moviera de nosotros hacia abajo llegara a la cabeza de los que están por debajo de nosotros; pues todo el movimiento,

19. Se refiere a los límites.

siendo cada dirección opuesta a la otra, debe pensarse, sin embargo, como tendiendo al infinito.

[61] Asimismo, es necesario que los átomos tengan velocidades iguales cuando se mueven por el vacío sin chocar con nada. En efecto, ni los cuerpos pesados se moverán más deprisa que los pequeños y ligeros, al menos cuando nada se les opone; ni los cuerpos pequeños se moverán más deprisa que los grandes, dado que tienen todo lugar de paso adaptado, cuando nada incide sobre ellos; ni será más rápido el movimiento hacia arriba o hacia los lados provocado por los golpes o el movimiento hacia abajo provocado por su propio peso. Por mucho que dure uno u otro movimiento, el movimiento será tan rápido como el pensamiento hasta que golpee, ya sea por causas externas, ya sea por su propio peso, la potencia de aquello que lo golpeó.[20]

[62] En realidad, con respecto a los compuestos, se dirá que uno es más rápido que el otro, aunque los átomos sean de idéntica velocidad, por el hecho de que los átomos dentro de los agregados atómicos se mueven hacia un único lugar y en un tiempo mínimo continuo, <aunque> no se muevan hacia un único lugar en los tiempos observables con la razón, chocan frecuentemente, sin embargo, hasta que la continuidad del movimiento se genera en la sensación. Lo que de hecho se cree generalmente con respecto a lo que no es visible, a saber, que en efecto incluso los tiempos observables con la razón poseen la continuidad del movimiento, no es verdadero con respecto a ellos;

20. El impulso inicial puede interrumpirse o ralentizarse por el choque con otros átomos, desde el exterior, o por el movimiento contrario hacia abajo provocado por su propio peso.

ya que es verdadero todo lo que es observado o captado mediante una aprehensión, gracias al pensamiento.

[63] A continuación de esto, en referencia a las sensaciones y a las afecciones —pues de este modo se tendrá la creencia más firme— hay que considerar que el alma[21] es un cuerpo compuesto de partes sutiles esparcidas por todo el agregado atómico, muy semejante a un hálito que tiene cierta mezcla de calor y se parece en cierto modo a uno y en cierto modo a otro; esta parte, debido a su sutileza, es muy diferente incluso de estos elementos,[22] de modo que también es más afín al resto del agregado atómico; todo esto lo manifiestan las facultades del alma, las afecciones, los movimientos propios de la mente y los pensamientos, y aquello de lo que, si se nos priva, morimos.

Y en verdad es preciso sostener que el alma posee la causa más importante de la sensación; [64] ciertamente no tendría esta función de causa de la sensación, si no estuviera en cierto modo recubierta por el resto del agregado atómico. El resto del agregado atómico, al permitir que el alma desempeñe esa función de causa, también participa, por su parte, en ese tipo de

21. El «alma» (*psyché*) es un cuerpo compuesto de átomos muy pequeños, lisos y redondos, que interfieren entre sí lo menos posible. Está formada por cuatro elementos: calor, hálito, aire (ausente en *Her.* § 63) y un «elemento sin nombre», este último es el principio no solo de las operaciones intelectuales más elevadas, sino también de la sensibilidad (Escolio a *Her.* § 66).

El alma permite al agregado ser un viviente. Y el cuerpo, a su vez, protege el alma. Por ello, alma y cuerpo se necesitan mutuamente. Si, por la razón que fuera, por enfermedad o accidente, el alma se escapa del cuerpo, el cuerpo muere, pero también con él muere el alma, ya que solo es alma de ese cuerpo, y solo vive gracias a su protección.

22. Es decir, el hálito y el calor.

accidente gracias al alma, pero no en todo lo que posee; por lo tanto, una vez que el alma se ha separado, no tiene sensibilidad. No poseía, en efecto, esta facultad en sí misma, se la permitía; sin embargo, a otra cosa nacida al mismo tiempo que ella, la cual, por medio de la facultad constituida en torno a ella, llevó inmediatamente a término en sí misma, en virtud del movimiento, del accidente de la sensación, y, en virtud de su proximidad y simpatía mutua, como dije antes, la dotó también de eso.

[65] Por consiguiente, el alma, mientras se encuentre en el agregado atómico, nunca es insensible, aunque alguna otra parte del agregado atómico se separe de ella; pero, aunque algo de ella se destruya, disolviendo lo que la repara total o de forma parcial si permanece, conserva realmente la sensación. El resto del agregado atómico, tanto si permanece total como parcialmente, no posee sensación si se separa esa cantidad de átomos, sea del tamaño que sea, que es capaz de formar la naturaleza del alma. Y en verdad, si se disolviera todo el agregado atómico, el alma se disiparía y ya no tendría sus facultades, ni se movería, de modo que ya ni siquiera tendría sensación.

[66] No es posible, en efecto, concebir que ella siente, si no dentro de este compuesto, ni capaz de servirse de estos movimientos cuando lo que la recubre y envuelve ya no lo es, al estar ahora en aquello que posee esos movimientos.

De hecho [en otras obras dice que el alma está compuesta de átomos lisos y esféricos, muy diferentes de los del fuego; y que hay una parte irracional de ella que está esparcida por el resto del cuerpo, mientras que la parte racional reside en el tórax, tal como muestran claramente los miedos y la alegría. Y que el sueño se genera cuando las partes del alma que están dispersas por todo el compuesto se concentran, o se difunden, o son expulsadas entre los conductos. El semen proviene de todas las partes del cuerpo].

[67] Pasando a otro punto, hay que tener esto en cuenta, a saber, que nosotros, según el uso más común de la palabra, llamamos «incorpóreo» a lo que podría pensarse por sí mismo; pero por sí mismo no es posible pensar lo incorpóreo a excepción del vacío.[23] Y el vacío no puede actuar ni sufrir, sino que solo permite que los cuerpos se muevan a través de él. Así pues, los que afirman que el alma es incorpórea dicen tonterías, puesto que, si fuera incorpórea, no podría ni actuar ni sufrir; ahora bien, por el contrario, está claro que ambos accidentes son propios del alma.

[68] Pues bien, todas estas reflexiones acerca del alma, si uno las reconduce a las afecciones y a las sensaciones, recordando lo dicho al principio, comprobará que están suficientemente incluidas dentro de los esquemas fundamentales de la doctrina para que se pueda precisar, a partir de ellas, con exactitud cada detalle.

Pero, además, las formas, los colores, los tamaños, los pesos y todas las otras cosas se predican de un cuerpo como propiedades estables, ya sea de todos los cuerpos, ya sea solo de aquellos que son visibles y cognoscibles por la sensación de estas propiedades, ni se puede suponer que sean naturalezas que sub-

23. Lo incorpóreo no puede pensarse por sí mismo, a excepción del vacío. Epicuro sostiene que lo incorpóreo, excluyendo el vacío, no posee una naturaleza independiente y autosuficiente que pueda pensarse por sí mismo. Y, dado que lo único que existe por sí mismo son los átomos y el vacío, la naturaleza intangible, los átomos y el vacío, son la única realidad incorpórea que puede ser concebida y que existe por sí misma.

sistan en sí mismas —no es posible concebirlo—, [69] ni que no existan en absoluto, ni que sean como otras cosas, en forma corpórea, que se añaden al cuerpo o a partes de él, sino que el cuerpo entero posee en general <gracias a> todas ellas su naturaleza eterna, no, sin embargo, como si estuviera constituido por su combinación —como cuando un agregado atómico mayor se combina a partir de sus corpúsculos,[24] sean estos primeros o menores que el conjunto—, sino exclusivamente, como digo, que posee su propia naturaleza permanente a partir de todas estas propiedades. Y todas y cada una de estas propiedades tienen sus propias aprehensiones y distinciones, debido a que el cuerpo compacto las acompaña y nunca se separa de ellas, ya que es predicable según la noción global que se tenga del cuerpo.

[70] Y, además, sucede a menudo que los cuerpos van acompañados de accidentes, que no son ni eternos ni invisibles ni incorpóreos.[25] Así pues, si utilizamos este nombre según el uso más frecuente, dejamos claro que los accidentes no tienen la naturaleza del todo, al que llamamos cuerpo considerándolo en

---

24. La formación de un gran conglomerado atómico se constituye materialmente a partir de la agregación de los «corpúsculos» (*ógkoi*).

25. Tras describir la propiedad, Epicuro pasa a tratar los accidentes (*symptómata*). Dado que solo el vacío es incorpóreo, los caracteres accidentales no pueden equipararse a los invisibles, como los átomos o los simulacros, y tampoco a los incorpóreos.

Según Lucrecio, «accidente» (*eventum*) es aquello que deja intacta la naturaleza de la cosa y pone como ejemplos: la servidumbre, la pobreza y la riqueza, la libertad, la guerra y la concordia (*D. R. N.* I 455-458). En efecto, no se trata de caracteres estables, permanentes o esenciales, sino precisamente de «accidentes» que no entran en la definición de la cosa a la que pertenecen.

su complejidad, ni la naturaleza eterna de las propiedades que lo acompañan, sin la cual no es posible concebir un cuerpo. Cada accidente, que acompaña al cuerpo en su complejidad, podría designarse a partir de ciertas aprehensiones, [71] pero en el momento en que se observa que cada accidente sucede, ya que los accidentes no van acompañados de caracteres permanentes. Esta evidencia tampoco debe ser apartada de lo que es, por el hecho de que los accidentes no tienen la naturaleza del todo al que casualmente están conectados, que por lo tanto también llamamos cuerpo, ni la naturaleza de aquello que lo acompaña permanentemente, ni, además, debe sostenerse que lo sean en sí mismos —pues esto no debe sostenerse ni con respecto a ellos ni con respecto a las propiedades permanentes—, sino que, y esto parece ser así, debe sostenerse que todos ellos son accidentes de los cuerpos y no se acompañan permanentemente, ni, además, que en sí mismos tengan la condición de naturaleza, sino en la forma en que la sensación misma restituye sus caracteres peculiares para que sean observados.

[72] Y en verdad también hay que reflexionar con atención sobre lo siguiente: no hay que investigar el tiempo como se investigan otras cosas en un objeto remitiéndose a las prenociones[26] que encontramos en nosotros mismos, sino que hay que examinarlo poniéndolo en relación con esa misma evidencia según la cual decimos «mucho» o «poco» tiempo, volviendo a

---

26. La «prenoción» (*prólepsis*) es una especie de imagen general, un recuerdo de lo que se nos ha presentado a menudo en la experiencia. De este modo, una sensación, al repetirse en múltiples ocasiones, deja en nosotros una impronta que nos permite adelantarnos a la sensación teniendo en cuenta las improntas que han dejado en nosotros las sensaciones precedentes semejantes.

poner la noción del mismo en conformidad con esa evidencia. Y no debemos cambiar las expresiones como si hubiera otras mejores, sino que debemos hacer uso de las que ya existen en relación con él, ni debemos predicar otra cosa de él, como si poseyera la misma esencia que esta propiedad —y de hecho algunos también lo hacen—, sino que sobre todo debemos razonar con precisión solamente sobre aquello con lo que vinculamos ese carácter que le es propio y con respecto a lo que lo medimos.

[73] Y, en efecto, esto no requiere una demostración, sino un razonamiento preciso, porque conectamos a los días y a las noches y a sus partes, así como a las afecciones y a la ausencia de afecciones, y a los estados de movimiento y a los de quietud, un accidente particular, ya que lo concebimos como relativo a estas cosas, de acuerdo con lo cual lo llamamos tiempo.[27] [También dice esto en el libro segundo de su *Sobre la naturaleza* y en el *Gran Epítome*].

Además de lo dicho hasta ahora, hay que sostener que los mundos y todo compuesto limitado que tenga la misma forma que lo que observamos con frecuencia nacen del infinito, ya que todos están separados por aglomeraciones particulares, tanto

---

27. Según Sexto Empírico, los epicúreos definen el tiempo como un «accidente de accidentes» (*Adv. Math.* X 219). No se trata, por lo tanto, ni de una realidad en sí, ni del efecto de un movimiento cósmico —«una imagen móvil de la eternidad» (Platón, *Timeo*, 37d) o del «número de un movimiento según lo anterior y lo posterior» (Aristóteles, *Física*, IV 11, 219b1-3)—, sino de un «accidente particular»: la percepción del tiempo está relacionada con la percepción de la sucesión de los días y las noches y con la percepción de las diversas afecciones, así como con la de la sucesión del movimiento y del reposo.

mayores como menores; y que todos se disolverán de nuevo, unos más rápidamente y otros más lentamente, unos experimentando esto por unas cosas y otros por otras.

[74] [Por eso dice con claridad que los mundos son también corruptibles desde el momento en que cambian sus partes. Y en otros lugares que la Tierra está suspendida en el aire]. Además, no debe suponerse que los mundos también tienen necesariamente una sola conformación, [sino que también en el libro duodécimo del *Sobre la naturaleza* afirma que son diferentes] unos, de hecho, son esféricos, otros ovoides, otros de otras formas; pero no que poseen cualquier forma, y tampoco que son seres animados separados del infinito. Pues nadie podría demostrar que <en> un mundo dado no hubiera incluso este tipo de semillas a partir de las cuales se forman los animales y las plantas y todo lo demás <que> observamos, mientras que tal posibilidad no podría darse en otro mundo. [Y de igual modo también para nutrirse. Lo mismo debe suponerse asimismo con respecto a la Tierra].

[75] Sin embargo, sin duda también debe suponerse que en todo tipo de situaciones múltiples la naturaleza fue instruida y constreñida por los hechos mismos, y que el razonamiento posterior especificó cuidadosamente lo que había sido prescrito por la naturaleza e hizo nuevos descubrimientos, en algunos casos más rápidamente y en otros más lentamente, en algunos periodos y tiempos <de acuerdo con mayores desarrollos> y en otros menos. De ahí resulta también que ni siquiera los nombres se formaron desde el principio por convención, sino que las propias naturalezas de los hombres, experimentando sus propias afecciones, según cada pueblo y recibiendo representaciones particulares, sacaron el aire apropiado, emitido según cada una

de las afecciones y representaciones, y también según la diferencia que pudiera haber entre los pueblos según los lugares
ocupados;[28] [76] después, de manera común según cada pueblo,
se fijaron los nombres particulares, a fin de que las expresiones
fueran menos ambiguas para un pueblo y más concisas para
otro; y los que tenían experiencia, al introducir ciertas cosas que
no eran visibles, impusieron ciertas expresiones verbales, algunos viéndose obligados a pronunciarlas, otros eligiendo por
razonamiento expresarlas según lo determinara la razón más
imperiosa.

Y además hay que suponer, con respecto a los cuerpos celestes, que el movimiento, la revolución, el eclipse, la salida, la
puesta y otros fenómenos análogos tienen lugar, aunque no
haya nadie que esté a cargo de ellos, que los disponga o los haya
dispuesto ordenadamente, y que posea al mismo tiempo la
completa dicha junto con la incorruptibilidad [77] —pues
las ocupaciones y las preocupaciones, las iras y los favores no
vienen con la dicha, sino que se generan en la debilidad y el
temor y la necesidad del prójimo—, y tampoco que estos cuerpos celestes, siendo al mismo tiempo un fuego concentrado,
posean la dicha y dispongan esos movimientos según su volun-
tad, sino que debe guardarse toda la majestad en relación con
todos los nombres que se refieren a tales nociones, para que de
ellos no surjan <posibles> opiniones contrarias a la majestad;

---

28. Según Epicuro, el lenguaje nace al estar «moldeado» por las afecciones sensoriales sufridas y por las diferentes «representaciones» (*phatásma-*
ta) captadas por los seres humanos, pertenecientes a diversos pueblos y lugares, pero se desarrolla históricamente de manera convencional, en virtud
de los diferentes contextos geográficos, históricos, sociales y culturales.

si no, la propia contradicción causará a las almas la mayor perturbación. Por todo ello, ha de considerarse que tanto esta necesidad como el movimiento cíclico se cumplen debido a que estas aglomeraciones se incluyeron desde el principio en la generación del mundo.

[78] Y, en verdad, también ha de sostenerse que es tarea de la ciencia de la naturaleza investigar con exactitud la causa de las cuestiones más importantes, y que la dicha, en el conocimiento de los fenómenos celestes, reside en esto y en conocer qué naturalezas se observan así con respecto a los fenómenos celestes y cuántas son afines a ellas para alcanzar una ciencia exacta a este respecto; y también que, en casos como este, no se aplica el método de las explicaciones múltiples, y que en cierto modo puede haber explicaciones de otro tipo, sino simplemente que en una naturaleza incorruptible y dichosa no hay nada que dé lugar a disputa o perturbación; y esto puede captarse simplemente mediante el pensamiento.

[79] Pero, en lo que se refiere a la investigación de la puesta, la salida, la revolución, el eclipse y lo que es afín a estos fenómenos, es preciso suponer que no contribuye en nada a la dicha surgida del conocimiento, y que aquellos que son versados en estas cosas son igualmente presa del miedo, puesto que ignoran sus naturalezas y sus causas principales, como si no tuvieran conocimiento de ellas; y que es probable que se vean presos de miedos aún mayores, cuando el asombro que proviene del conocimiento adecuado de estas cosas no sea capaz de aportar la solución basada en la organización de las cuestiones fundamentales.

Por esta razón, entonces, con respecto a las revoluciones y las puestas de sol y los amaneceres y los eclipses y otros fenómenos similares, así como con respecto a los que se generan

individualmente, descubrimos que son múltiples las causas, [80]
<y> no debe suponerse que, respecto a estas cosas, no hayamos
alcanzado una precisión suficiente capaz de contribuir a nuestra
ausencia de perturbaciones y a nuestra dicha. De modo que,
considerando de cuántas maneras se genera entre nosotros lo
semejante, es necesario buscar las causas tanto respecto a los
fenómenos celestes como a todo lo que no es evidente, despre-
ciando a aquellos que, viendo la representación de lo lejano, no
saben ni <lo que> ocurre o ha ocurrido de una sola manera ni
lo que ocurre de múltiples maneras, y que tampoco saben en
qué circunstancias no es posible estar libre de perturbaciones
<y en cuáles sí es posible>. Por lo tanto, si pensamos que un
fenómeno ocurre de una sola manera, sabiendo que ocurre de
muchas maneras, estaremos tan imperturbables como si supié-
ramos que ese fenómeno ocurre de esa misma manera.

[81] Y, además de todas estas cosas, es preciso darse cuenta
de esto, a saber, que la principal perturbación surge en las almas de
los hombres al considerar que estas realidades <son> dichosas
e incorruptibles y poseen voluntades y, al mismo tiempo, acciones y motivaciones contrarias a ellas, y al esperar o suponer
alguna adversidad eterna, debido a los mitos, o bien a la misma
ausencia de sensación que hay en el hecho de morir, que temen
como si fuera algo que les concierne, y en sufrir tales cosas no
por opiniones sino por alguna tendencia irracional, por lo que,
al no poder definir lo que se teme, se ven embargados por una
perturbación igual o incluso más intensa que si también creye-
ran estas cosas: [82] la ausencia de perturbación,[29] por lo tanto,

---

29. El sabio epicúreo aspira a la «imperturbabilidad» (*ataraxía*) o tranquilidad del alma, ya que consiste en el placer estable del alma. La *ataraxía*

consiste en estar libre de todas estas cosas y en conservar el recuerdo continuo de los principios generales y fundamentales.

De ahí que sea necesario prestar atención a las afecciones presentes y a las sensaciones, según lo común en las comunes, y según lo particular en las particulares, y a cada evidencia presente según cada uno de los criterios. Pues, si nos atenemos a estas reglas, seremos capaces de identificar correctamente la causa de aquello a partir de lo cual se generan la perturbación y el miedo, y nos libraremos de ellos investigando las causas de los fenómenos celestes y de todos los demás que se producen incesantemente, y que aterran en grado extremo al resto de los hombres.

Estas son, querido Heródoto, las doctrinas fundamentales sobre la naturaleza de todas las cosas resumidas para ti, [83] de tal manera que, si se capta con precisión, este discurso permitirá a cada uno adquirir, creo, una fortaleza incomparable en relación con los demás hombres, incluso si alguien no avanza en el examen pormenorizado de cada uno de los asuntos particulares. En efecto, también será capaz de alcanzar por sí mismo muchas de aquellas soluciones particulares entre las que hemos expuesto cuidadosamente en detalle respecto a la doctrina completa, y estas mismas, guardadas en la memoria, le serán siempre de ayuda.

Pues estas enseñanzas son de tal calibre que aun aquellos que ahora han investigado, con una precisión suficiente o

---

designa la ausencia de perturbaciones en el alma, y la *aponía*, la ausencia de sufrimientos en el cuerpo. Ambos estados se complementan y conforman la felicidad, en cuanto nos liberan del sufrimiento y, por lo tanto, permiten el acceso al placer.

incluso completa, los detalles de la doctrina, si hacen uso de aprehensiones semejantes, se dan cuenta de la mayoría de los itinerarios de estudio con respecto a la naturaleza en su conjunto; y aquellos, por otra parte, que no hayan alcanzado este grado de perfección, podrán, con su ayuda y sin hacer uso de expresiones verbales, recorrer los principios fundamentales a la velocidad del pensamiento para alcanzar así la serenidad.

Carta a Pitocles

Epicuro saluda a Pitocles:

[84] Cleón me trajo una carta tuya en la que seguías mostrándonos afecto de una manera digna de la consideración que te tenemos y, no sin fidelidad, intentabas recordar conversaciones que tienden a la consecución de una vida dichosa; también me pediste que te enviara un tratamiento resumido y bien descrito de los fenómenos celestes,[30] para que pudieras recordarlo fácilmente. Pues lo que hemos escrito en otros textos es difícil de recordar, aunque, tal como has dicho, los manejas continuamente. Aceptamos de buen grado tu petición y nos embargaron gratas esperanzas. [85] Por lo tanto, ahora que hemos escrito todo lo que quedaba por escribir, llevemos a término estas reflexiones que, como tú consideras, serán dignamente útiles para muchos otros y en especial para aquellos que han estado saboreando recientemente la genuina ciencia de la naturaleza

---

30. Epicuro aborda los «fenómenos celestes» o «astronómicos» (*meteóra*) en la *Carta a Pitocles*. La filosofía ha de intentar explicar estos fenómenos, los meteoros, que incluyen tanto los atmosféricos como los astronómicos, a partir de sus causas naturales, para lograr así que el alma no quede entumecida por el estupor y los vanos temores.

y para aquellos que se han enredado en alguna de las ocupaciones demasiado agotadoras de la vida cotidiana. Acoge, pues, estas reflexiones y, guardándolas en tu memoria, examínalas de buen grado en su totalidad junto con el resto que enviamos en el *Pequeño Epítome* a Heródoto.

En primer lugar, no creas que el conocimiento de los fenómenos celestes —tanto si se tratan en conexión con ellos como de forma independiente— tiene otro fin que la imperturbabilidad y la firme confianza, como ocurre con otros conocimientos. [86] No hay que forzar una explicación imposible ni mantener el mismo método de investigación para todos los problemas, ya sea en el razonamiento sobre los géneros de la vida, ya sea en el razonamiento sobre los demás problemas de la física, como, por ejemplo, que el todo es cuerpo y naturaleza intangible o que los elementos son indivisibles, como para cualquier otra cuestión de este género que tenga un acuerdo inequívoco con los fenómenos. Este no es el caso de los fenómenos celestes, sino que estos, en efecto, tienen múltiples tanto la causa de su generación como la explicación de su esencia de acuerdo con las sensaciones. De ahí que la ciencia de la naturaleza no deba hacerse de acuerdo con axiomas vacíos y leyes impuestas, sino según lo exijan los fenómenos. [87] Además, nuestra vida no necesita sinrazones y opiniones vanas, sino que la pasemos sin sobresaltos. Por lo tanto, hay que encontrarlo todo sin conmociones en lo relativo a todo problema que se aclare definitivamente según el método de las explicaciones múltiples, de acuerdo con los fenómenos, si, como es necesario, uno admite explicaciones plausibles sobre ellos. Si, por el contrario, uno admite una explicación, pero rechaza otra que esté igualmente de acuerdo con los fenómenos, está claro que se aleja de todo estudio de la naturaleza y se cae en el mito.

Las señales[31] de lo que ocurre entre los fenómenos celestes las ofrecen ciertos fenómenos que se muestran entre nosotros y que se observan a medida que se producen, y no los fenómenos celestes, porque estos pueden producirse de varias maneras. [88] Por lo tanto, es preciso prestar atención a la manifestación de cada uno de ellos y, con respecto a las cosas relacionadas con ella, distinguir aquellas cuya ocurrencia en más de un sentido no se contradice con las que se producen cerca de nosotros.

Un mundo es una porción de cielo que abarca los astros, la Tierra y todos los fenómenos,[32] separado del infinito y que termina en un límite de constitución dispersa o densa, a cuya disolución todo en él estará sujeto a un estado de confusión, ya sea girando, ya sea en reposo, con forma redonda o triangular o con cualquier otro perímetro. Cabe admitir, en efecto, que sea de cualquier manera, porque ninguno de los fenómenos contradice este tipo de mundo, en el que no se da ningún término. [89] Por otra parte, es posible comprender que tales mun-

---

31. Las «señales» (*semeîa*) constituyen las huellas sensibles, «evidentes», de lo «incognoscible», lo «no evidente» (*ádelon*). No percibimos y, por ello, no es evidente, lo que está ausente, o de lo que estamos alejados, pero tampoco los átomos o el vacío, por ser invisibles.

32. El «mundo» (*kósmos*) contiene «los astros, la Tierra y todos los fenómenos» (*Pit.* § 88) que podemos observar. Está limitado por un envoltorio que Lucrecio denomina las «murallas del mundo» (*D. R. N.* II 1144). El mundo, así como nació, también se destruirá.

Hay una infinidad de mundos en un universo infinito. Mundo y todo no se confunden: el todo es ilimitado, mientras que el mundo es limitado, y precisamente viene definido por este límite. Por ello, «nada obstaculiza la ilimitación de los mundos» (*Her.* § 45).

dos son también ilimitados en número y asimismo que tal mundo puede formarse tanto en un mundo como en un intermundo,[33] como llamamos al intervalo entre mundos, en un lugar lleno de vacío y no en un espacio grande, puro y vacío, como afirman algunos. Esto sucede porque algunos átomos adecuados para ello fluyen desde un mundo o desde un intermundo o incluso desde varios mundos, produciendo poco a poco en otro lugar agregaciones, conexiones, desplazamientos, cuando así sucede, y afluencias de cuerpos adecuados, hasta que alcanzan una plenitud y logran la estabilidad, hasta el punto en que los cimientos, colocados debajo, son capaces de soportar la agregación.

[90] Pues no basta con que solo haya una acumulación de materia y un remolino en el vacío en el que pueda formarse un mundo, como se supone, según la necesidad, y que este luego aumente hasta chocar con otro, como sostienen algunos de los llamados físicos, porque esta eventualidad es contraria a los fenómenos.

El Sol, la Luna y los demás astros no nacieron cada uno de manera indefinida, solo para ser englobados por el mundo —junto con todo lo que el mundo alberga—, sino que se formaron a la vez y comenzaron a aumentar, como también la Tierra y el mar, gracias a agregaciones y remolinos de partículas sutiles de naturaleza eólica o ígnea, o de ambas, porque es la sensación la que indica que así sucedió.

[91] El tamaño del Sol y de los otros astros, en relación con nosotros, es tal como aparece; [esto lo aborda también en el

---

33. «Intermundos» (*metakósmia*) son los espacios situados entre los mundos, donde habitan los dioses, que están compuestos de una materia muy sutil: el éter.

libro undécimo del *Sobre la naturaleza*: en efecto, dice (fr. 81 Usener), si, debido a la distancia, el tamaño disminuyera, mucho más se perdería la intensidad del color; pues no hay otra distancia más comedida que esta]. En sí mismo, es más grande que lo que se ve o un poco más pequeño o tal como es. Estas opciones no se dan simultáneamente.

Pues también los fuegos se ven en nuestra experiencia cotidiana, observados desde cierta distancia, según la sensación. Y cualquier objeción sobre este punto en particular será fácilmente rebatida, si uno se atiene a la evidencia, como mostramos en los libros de mi obra *Sobre la naturaleza*.

[92] La salida y la puesta del Sol, de la Luna y de los demás astros pueden depender tanto de una ignición como de una extinción, si se dan las condiciones para que dichos fenómenos tengan lugar también en cada uno de los dos lugares correspondientes, ya que ninguno de los fenómenos lo refuta. Y los fenómenos mencionados podrían deberse también a una aparición en la Tierra seguida de una ocultación; pues ninguno de los fenómenos lo refuta.

En cuanto a sus movimientos, no es imposible que se produzcan por el torbellino de todo el cielo o, si este permanece inmóvil, por el torbellino de los propios astros, según la necesidad desarrollada desde el principio, en el nacimiento del mundo, cuando los astros se elevaron en el horizonte; [93] y después por su calor, según un movimiento de propagación del fuego, que siempre tiende a irradiarse en lugares contiguos.

Las retrogradaciones del Sol y de la Luna pueden producirse debido a la inclinación a la que está sometido el cielo en determinados periodos. Pero, del mismo modo, también pueden depender de la resistencia del aire, o del hecho de que

la materia adaptada a los cuerpos (por ejemplo, el Sol y la Luna)
que la siguen arde en parte, mientras que en parte permanece;
o también porque desde el principio estos astros se vieron en-
vueltos en un vórtice tal que se movían en dirección helicoidal.
Todas estas posibilidades, y las que les son afines, no son de
hecho discordantes con ninguna de las pruebas, si, en lo que
respecta a estas cuestiones particulares, ateniéndose a lo que es
posible, uno es siempre capaz de poner cada explicación de
acuerdo con los fenómenos, sin temer los artificios de los astró-
nomos, que son propios de esclavos.

[94] El creciente y el menguante de la Luna pueden producirse por la rotación de este cuerpo o, igualmente, por las con-
figuraciones que asume el aire, y también por una ocultación,
y además también de todas las maneras que los fenómenos nos
exigen para que se produzcan tales cambios de apariencia, a menos que, por un amor excesivo a una sola explicación, se desde-
ñen vanamente los demás motivos, sin comprender lo que es
posible y lo que es imposible que un hombre conozca, y deseando,
por lo tanto, saber lo que no se puede saber.

Además, es posible que la Luna reciba luz de sí misma,
pero también es posible que la reciba del Sol. [95] Pues también
entre nosotros vemos muchos cuerpos que tienen luz propia y
muchos que la adquieren a través de otros. Y ninguna de estas
posibilidades contrasta con los fenómenos celestes, si se tienen
siempre presentes las múltiples explicaciones, se consideran las
hipótesis en su conjunto y, al mismo tiempo, las causas que se
ajustan a los fenómenos mismos, sin fijarse en lo que carece de
coherencia, otorgándoles una importancia exagerada, y se des-
lice así, de un modo u otro, hacia el método de la explicación
única.

La apariencia de la cara que vemos en la Luna puede generarse bien por la diversidad de sus partes, bien por su ocultación, o bien según todas las formas que se vean de acuerdo con los fenómenos. [96] En efecto, no hay que descuidar esta forma de ver el conjunto de los fenómenos celestes. Pues, si uno entra en conflicto con la propia evidencia,[34] nunca podrá participar de la auténtica imperturbabilidad.

El eclipse de Sol y de Luna puede producirse bien por un apagamiento, tal como se ve que ocurre con nosotros, bien por la interposición de otros cuerpos, o de la Tierra o de algún otro cuerpo celeste semejante. Así pues, es necesario considerar las explicaciones que concuerdan entre sí como un todo, y pensar que no es imposible que se produzca una concurrencia de circunstancias. [Dice lo mismo en el libro duodécimo del *Sobre la naturaleza* (fr. 83 Usener) y añade que el Sol se eclipsa cuando la Luna le hace sombra, mientras que la Luna se eclipsa debido al oscurecimiento producido por la Tierra, pero también a causa de su alejamiento. [97] Así lo afirma también Diógenes el Epicúreo[35] en el libro primero de sus *Pasajes escogidos*].

Asimismo, el orden en que se produce su revolución debe interpretarse a la luz de la forma en que se producen algunos de los fenómenos más comunes entre nosotros, y la naturaleza divina no debe relacionarse en modo alguno con estos hechos, sino que debe mantenerse libre de cualquier ocupación y en

34. Se trata de una evidencia de los hechos fruto de una clara percepción sensorial.

35. Diógenes el Epicúreo se identifica con Diógenes de Tarso, cuya datación no podemos determinar con exactitud. Diógenes Laercio señala que es autor de una obra intitulada *Pasajes escogidos*, en veinte libros (X 26, 97, 119, 136 y 138), y de un *Epítome de las doctrinas éticas de Epicuro* (X 118).

toda su dicha. Pues, si no se hace así, toda investigación sobre
las causas de los fenómenos celestes será en vano, como les
ocurrió a aquellos que no se atuvieron al criterio de lo posible,
para caer en argumentos vanos, porque creían que los fenómenos celestes se producían por una sola razón y, llevándolos a lo
inconcebible, rechazaron todas las demás explicaciones que se
presentaron según la verosimilitud, sin poder observar en su
conjunto los fenómenos que deben aceptarse como indicios.

[98] Las duraciones de las noches y de los días son variables,
ya sea porque los movimientos del Sol sobre la Tierra son unas
veces rápidos o lentos, ya sea también porque las extensiones de
los lugares varían, y el Sol atraviesa algunos lugares más deprisa
y otros más despacio, al igual que ciertos fenómenos terrestres
que se observan entre nosotros, según los cuales debemos hablar
de fenómenos celestes. Quienes, por el contrario, asumen un
único criterio explicativo están en desacuerdo con los fenómenos y caen en un grave error sobre cómo es posible que un
hombre lo sepa.

Las predicciones pueden producirse bien por una concurrencia de circunstancias, como sucede en el caso de los animales
que se ven entre nosotros, bien por cambios de aire y mutacio-
nes, pues ambas causas no están en desacuerdo con los fenómenos. [99] Pero no se sabe en qué casos se aplica una u otra
explicación.

Las nubes pueden formarse y unirse, bien por la condensación del aire debida a la presión de los vientos, bien por el en-
trelazamiento de átomos firmemente unidos entre sí y aptos
para producir este fenómeno, bien por un conjunto de exhala-
ciones de la Tierra y del agua. Pero tampoco es imposible que
las aglomeraciones de tales nubes se produzcan de muchas otras

formas. Además, las precipitaciones pueden ser generadas por las nubes cuando chocan o cuando sufren cambios; [100] y los vientos también se originan por la afluencia de masas de aire procedentes de lugares adecuados y por el aire puesto en movimiento cuando se produce un aguacero bastante violento causado, precisamente, por aglomeraciones capaces de producir tales precipitaciones. Los truenos pueden producirse, bien por la rotación de los vientos en las cavidades de las nubes, como ocurre también en el interior de nuestras vasijas, bien por el estruendo que el fuego impulsado por el viento produce entre las nubes, bien por el desgarro y la rotura de las nubes, bien por el roce y la fractura de las nubes que han adquirido una solidez parecida al hielo. Y en general, incluso en lo que respecta a este aspecto concreto de la investigación, los fenómenos apuntan a la existencia de múltiples causas.

[101] Del mismo modo, los rayos también se forman de muchas maneras: porque una conformación de átomos capaz de producir el fuego que genera el relámpago se desprende por el roce y la colisión de las nubes; o porque los vientos expulsan de las nubes cuerpos capaces de producir ese destello; o por una presión, en cuanto se ha producido una fricción de las nubes debida tanto a la colisión de unas contra otras como a los vientos; y también porque se recoge la luz difundida por los astros que luego es comprimida por el movimiento de las nubes y los vientos, y finalmente sale a través de una ranura que pasa entre las nubes; o por la filtración a través de las nubes de una luz muy tenue; o por la concentración de nubes de fuego, la producción de truenos, y por el movimiento de este fenómeno; y por la combustión del viento debida a una intensidad de movimiento y a un violento enroscamiento;

[102] y por desgarros de las nubes causadas por los vientos y por la caída de átomos capaces de producir fuego y de generar la imagen del rayo; pero también será fácil ver que los rayos se originan por otras muchas razones, siempre que uno se atenga siempre a los fenómenos y sepa reconocer lo que se les parece.

Cuando las nubes se encuentran en tales condiciones, el relámpago precede al trueno porque, al caer el viento al mismo tiempo, se libera inmediatamente una configuración de átomos que origina el relámpago, mientras que solo más tarde el viento reunido genera este estruendo; y porque, aunque la caída del trueno y del relámpago se produzcan simultáneamente, el relámpago lleva una velocidad que golpea más intensamente nuestros sentidos, [103] mientras que el trueno llega más tarde, como ocurre con ciertos fenómenos observados desde lejos y que producen los impactos.

Los relámpagos pueden generarse porque, cuando los vientos se reúnen en gran número, se produce un movimiento rotatorio y un fuego violento, una ruptura de una parte y una caída hacia abajo más violenta de esta parte, ya que la ruptura se produce porque los lugares adyacentes son más densos debido a la presión ejercida por las nubes. También pueden generarse por la propia caída del fuego, que, después de haberse arremolinado —el trueno también puede formarse de este modo—, se ha vuelto más compacto, se ha mezclado con el viento de forma más violenta y ha desgarrado la nube porque no puede retroceder a los lugares adyacentes, ya que se produce una presión, la mayoría de las veces contra una montaña alta, sobre la que caen primero los rayos, mientras que las nubes chocan siempre entre sí. [104] Y también de muchas otras maneras se pueden producir los rayos. Solo hay que alejarse del mito.[36] Y se alejará por completo, si, ateniéndose correctamente a los fenómenos, se extraen de ellos inferencias para comprender lo que no se nos aparece.

Los ciclones pueden originarse porque una nube cae y adopta la forma de una columna bajo el empuje de un viento continuo; o porque una gran cantidad de viento se arrastra hacia delante, mientras que al mismo tiempo un viento procedente del exterior golpea la nube en su costado; o porque el viento produce un movimiento de remolino, mientras que una masa de aire es empujada de arriba abajo, y se desarrolla una gran corriente de vientos que es incapaz de fluir lateralmente debido a la presión circundante del aire.

[105] Y, si el ciclón baja hasta la Tierra, se generan torbellinos, dependiendo también de cómo estén formados por el movimiento del viento, mientras que, si cae sobre el mar, se originan las trombas de agua.

Los terremotos pueden producirse, bien porque el viento está aprisionado en el interior de la Tierra, bien porque pequeñas masas del mismo son contiguas entre sí y tienen un movimiento continuo, lo que provoca que la Tierra tiemble. Y este viento entra en la Tierra o del exterior, o bien como consecuencia de que capas de corteza caen en lugares cavernosos de la Tierra, convirtiendo en viento el aire previamente comprimido;

---

36. El mito nos incita a creer en explicaciones que no se basan en un método científico y que no respetan los fenómenos que, en la investigación científica, desempeñan una función decisiva. Por ello, para Epicuro, recurrir a los fenómenos significa considerarlos signos evidentes de lo que no lo es, es decir, saber extraer inferencias de lo que no es manifiesto.

pero los terremotos también pueden formarse por la misma propagación del movimiento debido a la caída de muchas capas de tierra y su consiguiente retroceso, si chocan con partes más compactas de la Tierra. [106] Estas sacudidas del suelo pueden originarse asimismo de muchas otras maneras.

Los vientos[37] se forman de vez en cuando porque en determinados momentos se filtra continuamente materia de otra naturaleza y por la acumulación de abundante agua. Pero, por otra parte, los vientos se originan cuando pequeñas cantidades de materia caen en muchas de las cavidades de la Tierra y la propagación de su movimiento se produce a partir de ahí.

El granizo se forma por una congelación bastante fuerte, cuando alrededor se disponen algunos elementos de naturaleza aérea, y por su fragmentación; y también por una congelación bastante suave de algunos elementos de naturaleza acuosa, mientras que, al mismo tiempo, su ruptura y su compresión originan también su fragmentación, porque la congelación se produce por partes y en masa. [107] No es imposible que la forma redondeada del granizo dependa de que a su alrededor se disuelvan los bordes y de que, durante su condensación, como se ha dicho, estos elementos, ya sean de naturaleza acuosa o aérea, se dispongan a su alrededor de manera regular por partes.

La nieve puede formarse cuando una fina lluvia cae de las nubes debido a la simetría de los poros y a la continua y fuerte presión ejercida por la acción del viento sobre las nubes adecuadas, mientras que más tarde esta lluvia se congela al caer debido a la violenta congelación que se produce en las zonas

---

37. Se trata de los vientos subterráneos.

más bajas de las nubes. Esta emisión de las nubes también podría generarse debido a la congelación producida en el interior de las nubes, que tienen una porosidad uniforme, cuando chocan entre sí varios corpúsculos adyacentes de naturaleza acuosa que, si se comprimen, forman granizo, un fenómeno que se produce sobre todo en primavera. [108] Y este agregado que forma la nieve también podría salir despedido debido a la fricción de las nubes que se han congelado. Pero la nieve puede formarse asimismo de otras maneras.

El rocío se forma, bien por la concentración de esos elementos que surgen del aire y que son capaces de producir este tipo de humedad, bien por su procedencia de lugares húmedos o llenos de agua —estos son los lugares en los que principalmente se forma el rocío— y por una posterior concentración de estos en el mismo punto, una vez que han formado humedad, y por su posterior caída, precisamente de la misma manera en la que, en muchas circunstancias, también se origina un fenómeno de este tipo entre nosotros.

[109] Y la escarcha se forma cuando el rocío ha sufrido cierta congelación provocada por el enfriamiento del aire que lo rodea.

El hielo se forma bien porque los elementos redondeados son expulsados del agua por un lado, mientras que los que tienen formas irregulares o ángulos agudos se unen por el otro, o bien porque se agrupan desde el exterior tales elementos, que, comprimidos con firmeza, congelan el agua y provocan la salida de una cantidad determinada de elementos redondos.

El arco iris se origina por el resplandor del Sol contra el aire húmedo, o por la conjunción particular de luz y aire que las cualidades específicas de estos colores, ya sea todos juntos, ya sea por separado, producirán; las zonas adyacentes del aire, debido a que la luz se refracta a su vez, asumirán la coloración tal como la vemos, debido al resplandor contra las partes individuales. [110] En cuanto a su apariencia en forma circular, sin embargo, se debe al hecho de que la distancia se ve como idéntica desde cada punto, o al hecho de que los átomos se juntarán, tanto los que están en el aire como los que están en las nubes, impulsados por el mismo aire, de modo que este agregado adoptará una forma circular.

El halo alrededor de la Luna se forma cuando el aire es llevado hacia la Luna desde todas partes, o cuando el aire empuja las emanaciones que, arrastradas uniformemente, salen de la Luna, hasta que la apariencia de nube que adquiere el fenómeno se dispone a su alrededor sin que sea posible distinguirlo como un fenómeno separado, o incluso cuando el aire empuja simétricamente por todos lados a otro aire que está en torno a la Luna hasta que imprime esa forma circular y compacta a su alrededor. [111] Esto sucede, en ciertas partes, o bien cuando una emanación de aire ha ejercido una fuerza desde el exterior, o bien cuando el calor ocupa poros capaces de producir este fenómeno.

Los cometas se forman, bien porque, cuando se da una circunstancia favorable, el fuego gira en alguna parte del cielo en determinados momentos, bien porque el cielo se desplaza de vez en cuando sobre nosotros con un movimiento particular de modo que aparecen tales astros, o bien porque en determinados momentos los cometas se elevan por alguna circunstancia, alcanzan zonas cercanas a nosotros y se hacen visibles. Su desaparición se debe a causas opuestas a estas.

[112] Algunos astros giran en el mismo lugar, lo que ocurre no solo porque esta parte del cielo es inmóvil en torno a la cual

gira el resto, como afirman algunos, sino también porque a su alrededor se desarrolla un torbellino de aire que les impide dar el mismo giro que dan los demás astros; o porque en las zonas cercanas no hay materia adecuada para ellos, mientras que sí se encuentra en el lugar donde se los ve. Y también por muchas otras razones es posible que se produzca este hecho, siempre que se tenga en cuenta la concordancia con los fenómenos.

Algunos astros pueden ser errantes, si se descubre que tienen tales movimientos, mientras que otros no se mueven así, [113] porque desde el principio del universo, condicionados por un movimiento circular, fueron forzados a ello, de modo que unos se mueven según el mismo torbellino regular y otros según un torbellino dotado de alguna anomalía. Entonces también es posible que en los lugares en los que se mueven estos astros haya, por un lado, bancos de aire regulares que los empujan en la misma dirección hacia la zona vecina y los quemen uniformemente, y, por el otro, bancos anómalos hasta el punto de provocar las variaciones de movimiento observadas. Asignar una única explicación a estos fenómenos, cuando los fenómenos exigen múltiples explicaciones, es una operación insensata e indecorosa, llevada a cabo por los celosos seguidores de la astronomía inútil, que atribuyen ciertos fenómenos a causas que no vienen a cuento, ya que en ningún caso liberan a la naturaleza divina de estas exigencias.

[114] Sucede que algunos astros se ven retrasados con respecto a otros, bien porque, aunque viajan en la misma órbita, giran más lentamente que otros, bien porque se mueven en sentido contrario recibiendo un empuje opuesto del mismo torbellino, o bien porque unos recorren un espacio más largo y otros uno más corto, aunque giren en el mismo torbellino.

Ofrecer una explicación única para tales fenómenos es propio de quienes quieren asombrar a las masas con sus patrañas.

Las llamadas estrellas fugaces también pueden formarse en parte por la fricción de las nubes y por una caída de fuego que se transforma en viento, como hemos dicho asimismo de los relámpagos; [115] bien por una agrupación de átomos capaces de producir fuego, cuando su afinidad de materia es adecuada para generar este fenómeno, bien por un movimiento en la parte en la que se desarrolló primero el impulso a la agrupación; o bien por la acumulación de viento en alguna aglomeración nebulosa y compacta, y su inflamación posterior, debida a una envoltura con el consiguiente estallido de las partes circundantes, mientras el fuego se dirige también hacia la zona en la que se produjo el impulso al movimiento. Y también hay otras formas de generar este fenómeno sin poner en tela de juicio las explicaciones del mito.

Las predicciones del tiempo ofrecidas por ciertos animales dependen de una confluencia de circunstancias, ya que los animales no determinan necesariamente la formación de una tormenta, ni existe una naturaleza divina que supervise las salidas de estos animales y luego cumpla estas predicciones. [116] En efecto, en ningún animal, aunque no fuera muy listo, puede generarse semejante estupidez, y mucho menos en alguien que posee la felicidad perfecta.

Por lo tanto, todas estas enseñanzas, Pitocles, memorízalas. Pues en muchas situaciones te mantendrás alejado del mito y podrás comprender enseguida lo que pertenece al mismo género que estas enseñanzas. Dedícate sobre todo a la ciencia de los principios y de lo infinito y de lo que se les asemeja, luego de los criterios y de las afecciones, y de todo lo que representa el fin de nuestro razonamiento, porque estas enseñanzas, una vez examinadas a fondo, te facilitarán la comprensión de las causas de los fenómenos particulares. Aquellos, por el contrario, a quienes les desagrade por completo este tipo de investigación no podrán comprender estas cosas adecuadamente, ni alcanzarán el fin por el que deben ser conocidas.

Carta a Meneceo

Epicuro saluda a Meneceo:

[122] Que nadie postergue la filosofía por ser joven, ni que nadie se canse de filosofar por ser viejo. Pues nadie es demasiado joven ni demasiado viejo para alcanzar la salud del alma. Quien diga que aún no ha llegado el momento de filosofar, o que ya ha pasado, es como quien dice que aún no ha llegado el momento de la felicidad, o que ya ha pasado. Por eso, tanto el joven como el viejo deben filosofar: el uno para seguir siendo joven a medida que envejece por los efectos positivos que le aporta la alegría del pasado, el otro para ser joven y viejo al mismo tiempo porque no teme al futuro. Así pues, hay que entrenarse en lo que nos proporciona el estado de dicha: si lo tenemos todo porque está ahí, o si hacemos todo para conseguirlo porque no está ahí.

[123] Lo que te he aconsejado una y otra vez, practícalo y medítalo, reconociendo en ello los elementos básicos de una vida hermosa.

Por encima de todo, considera que el dios es un ser vivo incorruptible y dichoso,[38] tal como lo sugiere la noción común

---

38. Los dioses son «dichosos», «bienaventurados» (*makárioi*). La traducción en español añade a la idea de «feliz» la noción de «beatitud», de

de dios; no le atribuyas nada que sea ajeno a su incorruptibilidad, ni que sea inapropiado a su dicha. Por el contrario, piensa que le pertenece cualquier cosa que pueda preservar en él la dicha que acompaña a la incorruptibilidad. Pues los dioses existen.[39] En efecto, el conocimiento que tenemos de ellos es evidente. Pero no son como la mayoría de la gente se los imagina. Pues no los conservan tal como los conciben. Por lo tanto, es impío no quien suprime los dioses de la multitud, sino quien añade a los dioses las opiniones de la multitud, [124] ya que las afirmaciones de la multitud sobre los dioses no son prenociones, sino suposiciones falsas,[40] según las cuales se atribuyen a los dioses los mayores daños y los mayores beneficios. Pues, como están todo el tiempo preocupados por sus propias virtudes, solo aceptan a quienes se les asemejan y consideran ajeno todo lo que no es así.

Acostúmbrate a pensar que la muerte no es nada para nosotros, porque todo bien y todo mal radica en la sensación, y la muerte es la privación de la sensación. De ahí que el conocimiento correcto de que la muerte no es nada para nosotros

---

felicidad perfecta, generalmente asignada a los dioses en un contexto religioso. Como humanos, podemos ser felices por un momento, pero ser «dichosos» o «bienaventurados» implica serlo siempre; los dioses, en efecto, no pertenecen al tiempo humano, sino que están fuera del tiempo, alejados de nuestro alcance.

39. Los «dioses» (*theoi*), que están compuestos de átomos, habitan en los intermundos. No dirigen el movimiento de los astros y viven totalmente despreocupados de los asuntos humanos.

40. Los seres humanos hacen a los dioses a su imagen, bien como la multitud, cuando se basan en opiniones falsas, o bien como conviene, cuando se apoyan en las prenociones.

hace posible disfrutar de la mortalidad de la vida, no porque añada un tiempo ilimitado a la vida, sino porque quita el anhelo de inmortalidad. [125] Pues no hay nada terrible en vivir para quien ha comprendido realmente que no hay nada terrible en no vivir. Por lo tanto, es estúpido quien dice que teme a la muerte, no porque sea dolorosa cuando está presente, sino porque es dolorosa cuando aún está por venir. Pues aquello cuya presencia no nos perturba, sin razón alguna, nos angustia cuando se espera. Así pues, el mal más terrible, la muerte, no es nada para nosotros, precisamente porque la muerte no está presente mientras vivimos, y, cuando la muerte está presente, entonces nosotros ya no existimos. Por lo tanto, la muerte no es pertinente ni para los vivos ni para los muertos, precisamente porque no es nada para los primeros y los segundos ya no existen. Pero la mayoría de la gente unas veces rehúye de la muerte como si fuera el mayor de los males, y otras la elige como un alivio de los males de la vida.

[126] El sabio, en cambio, no rechaza vivir, ni teme no vivir, pues vivir no le abruma, ni considera que no vivir sea un mal. Y del mismo modo que no elige la comida más abundante sino la más agradable, tampoco disfruta del momento más largo sino del más placentero. El que exhorta al joven a tener una buena vida y al viejo una buena muerte es un necio, no solo por las cosas agradables que proporciona la vida, sino también porque la preocupación por una buena vida y una buena muerte son una misma cosa. Mucho peor aún es el que dice que «es algo hermoso no haber nacido y, una vez nacido, cruzar las puertas del Hades lo antes posible».⁴¹ [127] Pues, si está con-

---

41. Cita de Teognis, 425-427.

vencido de eso, ¿por qué no abandona la vida? Al fin y al cabo,
se halla a su alcance, si está firmemente decidido a hacerlo; por
el contrario, si quiere burlarse de sí mismo, es un insensato en
asuntos que no lo requieren. Hay que recordar también que el
futuro no está del todo en nuestras manos, ni del todo fuera de
nuestras manos, de modo que no lo esperemos como si tuviera
inexorablemente que suceder, ni desesperemos como si no fuera a suceder de ninguna manera.

Hay que establecer además por analogía que, entre los deseos, unos son naturales y otros vanos, y que, entre los que son
naturales, unos son necesarios y otros solo naturales; de los que
son necesarios, unos lo son para la felicidad, otros para el sosie-
go del cuerpo y otros para la vida misma. [128] Pues una observación inalterable de estos deseos permite relacionar cada
elección y cada rechazo con la salud del cuerpo y con la imperturbabilidad del alma,[42] ya que este es el fin de la vida dichosa;
pues con vistas a esto hacemos todo, para asegurarnos de no
sentir ni dolor ni tener miedo. Y, una vez que lo conseguimos,
toda tormenta del alma se disipa, porque un ser vivo no tiene
que perseguir algo de lo que carece ni buscar otra cosa con
la que pueda llevar el bien del cuerpo y del alma a la plenitud.
Pues tenemos necesidad de placer cuando sentimos dolor, por
la ausencia de placer; pero, cuando no sentimos dolor, ya no
necesitamos el placer.[43] Y por eso decimos que el placer es el

---

42. La «ausencia de sufrimiento» (*aponía*) en el cuerpo, que equivale a
un placer estable del cuerpo o a una tranquilidad corpórea, en el alma corresponde a la «imperturbabilidad» (*ataraxía*). La ausencia de sufrimiento es
uno de los componentes de la vida del sabio.

43. El «placer» (*hedoné*) es una afección, que constituye uno de los
criterios de la verdad. Epicuro considera que el placer es el soberano bien,

principio y el fin de la vida dichosa. [129] Porque lo hemos reconocido como el bien primero y congénito, y a partir de él comenzamos toda elección y rechazo, y en él terminamos, al juzgar todo bien, utilizando la afección como regla.

Y, puesto que este es el bien primero y connatural,[44] no elegimos todos los placeres, sino que en ocasiones pasamos por alto muchos placeres cuando van seguidos de algo más desagradable para nosotros; y consideramos que muchos dolores son preferibles a los placeres cuando nos sigue un mayor placer después de haber soportado los dolores durante mucho tiempo. Por lo tanto, todo placer es bueno, por tener una naturaleza afín a la nuestra, y sin embargo no todo placer debe elegirse. Del mismo modo, todo dolor es malo, pero no todo dolor debe rechazarse siempre por naturaleza. [130] Sin embargo, conviene considerar todo esto midiendo las ventajas y los inconvenientes. Pues a veces utilizamos el bien como un mal, y otras, a la inver-

---

pero no lo interpreta como un placer «en movimiento», relacionado con la tensión; al contrario, la *ataraxía* es un placer estable (o catastemático).

44. El soberano bien, principio y fin de toda acción, es el placer: «Porque lo hemos reconocido como el bien primero y congénito, y a partir de él comenzamos toda elección y rechazo, y en él terminamos, al juzgar todo bien utilizando la afección como regla» (*Men.* § 129). La felicidad consiste en un estado continuo de placer.

Según uno de los cuatro remedios del *tetraphármakos*, «el bien es fácil de obtener». Todo ser vivo busca por naturaleza, sin necesidad de aprendizaje, su bien. La filosofía permite al ser humano recuperar la vía natural de acceso al bien, a la que llega de modo espontáneo, y cuyo rastro había perdido. En su tratado *Sobre el fin*, Epicuro afirma: «Pues yo, desde luego, no sé cómo reconocer el bien, si suprimo los placeres de los sabores, si suprimo también los placeres del sexo, los de los sonidos y los de las formas» (D. L. X 6).

sa, el mal como un bien. Y consideramos que la autosuficiencia[45] es un gran bien, no para conformarnos con poco en cualquier caso, sino para que, en caso de no tener mucho, nos conformemos con poco, porque estamos auténticamente convencidos de que los que menos necesitan la abundancia son los que más disfrutan de ella; que todo lo que es natural es fácil de procurar, mientras que todo lo que es superfluo es difícil de conseguir; que los gustos sencillos proporcionan el mismo placer que una dieta suculenta, cuando se ha eliminado todo el dolor debido a la privación; [131] y que el pan y el agua aportan el mayor placer cuando los toma quien tiene necesidad.[46]

Por lo tanto, acostumbrarse a unas dietas sencillas y no abundantes asegura una salud plena, y hace que el hombre sea activo en las ocupaciones necesarias de la vida, nos pone en una disposición más fuerte cuando nos acercamos, de modo intermitente, a la abundancia, y nos prepara para ser intrépidos frente a los caprichos de la fortuna. Así pues, cuando decimos que el placer es el fin, no nos referimos a los placeres de los disolutos y a los que consisten en goces —como creen algunos, que desconocen de lo que hablamos y discrepan de nuestras palabras o las malinterpretan—, sino al no sufrir en el cuerpo

45. La «autosuficiencia» (*autarkeía*) es un gran bien. El sabio, «como un dios entre los hombres» (*Men.* § 135), sabe bastarse a sí mismo, ser autosuficiente.

46. Placeres a la vez naturales y necesarios son los placeres del cuerpo absolutamente útiles para la vida, como por ejemplo «beber agua». Alimentarse de un modo frugal, de pan y de agua, como Epicuro mismo, es la manera de apartarse de todos los dolores provenientes de placeres superfluos. Este primer nivel de placeres le autoriza a considerar que los placeres de la carne y del vientre son primordiales.

ni estar perturbados en el alma. [132] Pues no son las borracheras ni las juergas ininterrumpidas, y tampoco los goces que se encuentran con muchachos y mujeres, ni los que proporcionan el pescado y las demás cosas que ofrece una mesa ricamente servida, lo que propicia una vida de placer, sino el razonamiento sobrio[47] que examina las causas de cada elección y de cada rechazo, y elimina las opiniones por las que la mayor parte de la confusión se apodera del alma. La prudencia es el principio y el mayor bien de todo esto. Por eso la prudencia es aún más valiosa que la filosofía, pues de ella se derivan todas las demás virtudes: nos enseña que no se puede llevar una vida agradable que no sea prudente, bella y justa, como tampoco la vida puede ser prudente, bella y justa si no es agradable. Pues las virtudes están por naturaleza vinculadas con la vida agradable, y la vida agradable es inseparable de ellas.[48]

[133] Porque ¿quién crees que es superior a aquel que tiene opiniones piadosas sobre los dioses, que vive continuamente sin miedo a la muerte, que ha tenido en cuenta el fin de la naturaleza, y que comprende que el límite de los bienes es fácil de alcanzar en su plenitud y de adquirir, mientras que el límite de los males dura poco tiempo o no duele mucho?; ¿quien cree que el

47. La supresión de las afecciones engendra el razonamiento sobrio: la *ataraxía* del alma va de la mano con el razonamiento guiado por la prudencia o sabiduría práctica, ya que libera el alma de las opciones vanas causantes de las perturbaciones.

48. La virtud no es un bien en sí, sino un bien en cuanto que constituye el medio más seguro para alcanzar el placer, el soberano bien. Solo la vida virtuosa permite obtener la felicidad, es decir, el estado de placer continuo, ya que la práctica de la virtud, mediante la prudencia, nos garantiza la seguridad, la ausencia de perturbaciones y de sufrimientos. Véase *M. C.* X.

destino, que algunos presentan como el dueño de todas las cosas, no lo es, sino que proclama que unas cosas suceden por necesidad, otras por casualidad y otras dependen de nosotros?[49] Porque se da cuenta de que la necesidad no es responsable, la fortuna es cambiante, mientras que lo que depende de nosotros no tiene dueño y, por ello, es natural que le acompañe el reproche y su contrario. [134] Pues sería mejor seguir el mito sobre los dioses que someterse al destino de los físicos, porque el primero ofrece una esperanza de apaciguar a los dioses honrándolos, mientras que el segundo solo contiene una necesidad inexorable.

El sabio no considera la fortuna como una deidad, como supone la mayoría de la gente —pues un dios no hace nada al azar—, ni como una causa inconstante, pues no cree que por medio de ella se den a los hombres ningún bien ni ningún mal que contribuyan a una vida dichosa, sino que por medio de ella se establecen los principios de grandes bienes o males. [135] Considera que es mejor fracasar mediante el uso de la razón que tener éxito sin el uso de la razón; pues es mejor que, en nuestras acciones, lo que hemos decidido con el uso de la razón no se vea favorecido por la fortuna.

Así pues, ocúpate de estas cosas y de lo relacionado con ellas, día y noche, para ti y para los que son como tú; y nunca, ni en vigilia ni en sueños, estarás turbado, sino que vivirás como un dios entre los hombres. Porque el hombre que vive entre bienes inmortales no se parece en nada a un animal mortal.

---

49. La formulación —«unas cosas suceden por necesidad, otras por casualidad y otras dependen de nosotros» (*Men.* § 133)— identifica manifiestamente un factor causal que no se puede reducir a la necesidad y al azar. Se trata de una «causa auto-originaria».

Máximas capitales

[139] I. El ser dichoso e incorruptible ni tiene dificultades en sí mismo, ni las causa a los demás; de modo que es inmune a la ira y a la gratitud; pues todas estas cosas son un signo de debilidad. [En otros escritos, dice que los dioses son contemplados por la razón, en la medida en que algunos existen numéricamente,[50] mientras que otros son similares en su forma, debido a un flujo continuo de imágenes similares que confluyen en un mismo lugar, y que son antropomórficos].

II. La muerte no es nada para nosotros, pues lo que se ha disuelto ya no tiene sensibilidad, y lo que no tiene sensibilidad no es nada para nosotros.

III. El límite de la magnitud de los placeres es la supresión de todo dolor. Y en donde haya placer, y mientras persista, no hay lugar para el dolor, ni para el sufrimiento, ni para para ambos a la vez.

50. «Numéricamente» significa que son numéricamente distintos, siendo cada uno único en su especie.

[140] IV. El dolor en la carne no se prolonga ininterrumpidamente, sino que el dolor extremo dura muy poco tiempo;
y aquel que apenas sobrepasa el placer en la carne tampoco
dura muchos días. Y las enfermedades que duran mucho tiempo proporcionan a la carne más placer que dolor.

V. No es posible vivir una vida agradable que no sea también
prudente, ni una vida bella y justa que no sea también agradable.[51] Y a quien le falte esto carece asimismo de la posibilidad
de vivir una vida agradable.

VI. Con el fin de obtener confianza ante los hombres hay un
bien conforme a la naturaleza que aporta poder y realeza, en la
medida en que a través de ellos uno sea capaz de procurársela.

[141] VII. Algunos quisieron hacerse famosos y reputados, cre-
yendo que de esta manera adquirirían seguridad ante los hombres. Así, si su vida es segura, consiguieron el bien de la naturaleza; en cambio, si su vida no es segura, no poseen aquello por
lo que se esforzaron desde el principio, según lo que es propio
de la naturaleza.

VIII. Ningún placer es malo en sí mismo; pero los medios de procurarse ciertos placeres traen muchas más molestias que placeres.

[142] IX. Si cada placer se intensificara en su lugar y duración,
e impregnara todo nuestro ser o las partes más importantes de
nuestro ser, entonces los placeres no diferirían unos de otros.

---

51. Véase *Men.* § 132.

X. Si las cosas que producen los placeres a los licenciosos disiparan los temores de su pensamiento sobre los fenómenos celestes, la muerte y los sufrimientos, y además les enseñaran cuál es el límite de los deseos, no tendríamos nunca nada que reprocharles, pues rebosarían de placeres por todas partes y ya nunca tendrían que sufrir dolor ni pena, en lo que consiste precisamente el mal.

XI. Si no nos perturbaran en nada el miedo a los fenómenos celestes y el temor a la muerte, que puede ser algo que nos toca de cerca, y no conociéramos el límite de los dolores y los deseos, no tendríamos necesidad del estudio de la naturaleza.[52]

[143] XII. No es posible disipar el temor a las cosas de mayor importancia si no se sabe cuál es la naturaleza del universo, pero se mantiene un temor receloso ante las cosas que nos cuentan los mitos. De modo que no es posible obtener placeres puros sin el estudio de la naturaleza.

XIII. De nada sirve procurarse seguridad[53] ante los hombres mientras se continúe manteniendo la desconfianza ante lo que hay por encima y por debajo de la tierra y, en general, ante lo que hay en lo ilimitado.

---

52. La física constituye una de las tres partes de la filosofía, junto con la canónica y la ética. Si no estuviéramos sometidos a vanos temores, no tendríamos necesidad de la física; pero, dado que estamos sometidos a ellos, sin el estudio de la naturaleza no es posible obtener placeres puros (*M. C.* XI y XII).

53. La seguridad moral (*aspháleia*) es un complemento básico de la seguridad física. En efecto, es preciso adquirir la seguridad moral que nos

XIV. Si la seguridad ante los hombres proviene en cierta medida de una situación bien fundada de poder y riqueza, la seguridad más pura proviene de vivir en paz y apartados de la multitud.

[144] XV. La riqueza, según la naturaleza, tiene límites bien definidos y es fácil de procurar; la riqueza, según las opiniones vanas, se pierde en lo ilimitado.

XVI. La fortuna tiene poco impacto en el sabio; el razonamiento, en cambio, ha dispuesto, dispone y dispondrá los asuntos más grandes e importantes a lo largo del tiempo sucesivo de su vida.

XVII. El justo está absolutamente desprovisto de perturbaciones, mientras que el injusto está lleno de las mayores perturbaciones.

XVIII. El placer en la carne no crece, sino que solo varía, una vez eliminado todo el sufrimiento que proviene de la carencia. El límite de los placeres que prescribe el pensamiento se produce por el cálculo de estos placeres y de lo que es similar a ellos, que provocan al pensamiento sus mayores temores.

---

libera de todas las perturbaciones del alma, ya que «la seguridad más pura proviene de vivir en paz y apartados de la multitud» (*M. C.* XIV). El sabio ha de estar tranquilo por su seguridad con respecto a los otros seres humanos. Al adquirir la serenidad, teniendo una completa seguridad ante todo, incluida la muerte, en cierto modo el sabio supera su condición mortal, pero sin abandonar su propia mortalidad.

[145] XIX. Un tiempo ilimitado contiene la misma cantidad de placer que uno limitado, cuando los límites de los placeres se evalúan mediante el razonamiento.

XX. La carne considera que los límites del placer son ilimitados, y el tiempo que le proporciona tal placer es también ilimitado. Pero el pensamiento, al razonar sobre el fin y el límite de la carne, y al disipar los temores relacionados con la eternidad, nos procura la vida perfecta, de modo que ya no sintamos la necesidad de un tiempo ilimitado: no rehúye el placer, y ni siquiera cuando las circunstancias provocan su salida de la vida, no desaparece como si le hubiera faltado algún aspecto para una vida mejor.

[146] XXI. Quien conoce los límites de la vida sabe que es fácil eliminar el dolor que proviene de la carencia de algo y obtener aquello que hace que la vida sea perfecta; de modo que no necesita en absoluto esforzarse por cosas que impliquen lucha.

XXII. Es preciso sopesar bien el fin establecido, y llevar todas nuestras opiniones a una certeza evidente; o todo estará lleno de indecisión y confusión.

XXIII. Si te opones a todas las sensaciones, no tendrás nada a lo que referirte para juzgar, ni siquiera aquellas de entre ellas que consideres falsas.

[147] XXIV. Si rechazas sin reservas cualquier sensación sin distinguir entre la opinión que está pendiente de confirmación y la que ya está presente con evidencia en la sensación, las afec-

ciones y cualquier aprehensión representativa del pensamiento,[54] acabarás confundiendo las restantes sensaciones con tu opinión vana; y, como resultado, rechazarás todo criterio. En cambio, si en las nociones basadas en la opinión afirmas por igual todo lo que está pendiente de confirmación y lo que no lo está, no evitarás el error, porque en cada juicio habrás conservado una total ambigüedad sobre lo que es correcto y lo que no.

[148] XXV. Si en cada ocasión no relacionas cada uno de tus actos con el fin de la naturaleza, sino que, en tu elección o rechazo, recurres a cualquier otro criterio, tus actos no estarán de acuerdo con tus razonamientos.

XXVI. Todos aquellos deseos que, si no se cumplen, no conducen al dolor, no son necesarios; pero su apetencia es fácil de disipar, cuando parecen difíciles de satisfacer o susceptibles de producir daño.

XXVII. De todas las cosas que la sabiduría proporciona para la felicidad de la vida en su conjunto, la más importante con diferencia es la posesión de la amistad.

XXVIII. La misma convicción que nos anima a creer que nada terrible es eterno o duradero también nos lleva a creer que la

54. La expresión «aprehensión representativa del pensamiento» (*phantastikè epibolé tês dianoías*) se refiere a la representación intuitiva del pensamiento, es decir, al procedimiento mediante el cual visualizamos mentalmente lo invisible y, de manera específica, los átomos. En la *Carta a Heródoto* (§ 50 y 51) solo aparece la primera parte de esta formulación, «aprehensión representativa» (*phantastikè epibolé*).

mayor seguridad en las cosas finitas se consigue a través de la amistad.

[149] XXIX. De los deseos, unos son naturales <y necesarios, otros naturales y> no necesarios, otros ni naturales ni necesarios, sino que provienen de una opinión vana. [Epicuro considera naturales y necesarios los deseos que conducen a la supresión de los dolores, por ejemplo, beber cuando se tiene sed; naturales y no necesarios son los que solo proporcionan variaciones de placer, pero no conducen a la supresión del dolor, por ejemplo, las comidas opulentas; ni naturales ni necesarios son, por ejemplo, las coronas y la erección de estatuas en honor propio].

XXX. Entre los deseos naturales que, si no se satisfacen, no dan lugar al sufrimiento, están aquellos en los que el ardor resulta intenso; estos tienen su origen en una opinión vana; y resulta difícil disiparlos, no por su propia naturaleza, sino por la vanidad de los hombres.

[150] XXXI. La justicia fundada en la naturaleza es la garantía de la utilidad que consiste en no causar ni recibir daño mutuo.[55]

XXXII. No existe ni lo justo ni lo injusto con respecto a todos aquellos animales que no tuvieron la capacidad de hacer pactos

---

55. Epicuro define la justicia como un contrato útil para evitar hacer daño y también sufrirlo (*M. C.* XXXI). No se interesa, por lo tanto, en la justicia como excelencia moral. La sociedad vincula lo justo con lo útil, ya que lo justo garantiza la utilidad. Lo justo transcurre y se regulariza en el contrato, fundamento de toda sociedad.

entre sí para no hacerse ni sufrir daño mutuamente; y lo mismo sucede también con respecto a todos aquellos pueblos que no pudieron o no quisieron hacer pactos para no hacerse ni sufrir daño unos a otros.

XXXIII. La justicia no es algo en sí misma, sino que existe en las relaciones mutuas, y en aquellos lugares donde se establece un pacto para no hacerse ni sufrir daño alguno.[56]

[151] XXXIV. La injusticia no es un mal en sí misma, sino que consiste en el temor que surge de la sospecha de que no se puede escapar de quienes están encargados de castigar tales actos.

XXXV. Es imposible que el que hace algo en secreto en contra de los pactos mutuamente establecidos para no hacer ni recibir daño confíe en que pasará desapercibido, aunque hasta el momento presente haya pasado desapercibido diez mil veces; porque hasta su muerte no se sabe si logrará seguir pasando desapercibido.

56. Con ciertos animales los seres humanos mantenemos una clase de relaciones que, aunque no se caracterice por la afección, viene determinada por una forma mínima de reciprocidad. Sucede con la mayoría de los animales domésticos, que nos son útiles y a los que debemos condiciones de vida proporcionales a lo que ellos son para nosotros. Por un «pacto», como señalan Epicuro (*M.C.* XXXI-XXXIII) y Lucrecio (*D. R. N.* V 860-871), una especie de «contrato doméstico», debemos proporcionarles protección y alimento, porque, a cambio, nos proporcionan su asistencia, su carne o sus pieles. Se trataría de un pacto mutuamente establecido: los hombres al servicio de los animales y los animales al servicio de los hombres. La producción industrial extrema rompería este «contrato doméstico», yendo en contra de esta tesis fraguada en la tradición epicúrea.

XXXVI. En un sentido general, la justicia es la misma para todos, ya que es algo útil en la comunidad recíproca de los hombres; pero, dependiendo de las particularidades de los lugares y de cualesquiera otras causas, resulta que lo justo no es lo mismo para todos.

[152] XXXVII. Entre las leyes consideradas justas, aquellas cuya utilidad queda confirmada en las necesidades de las relaciones recíprocas tienen la propiedad de ser justas, independientemente de que sean iguales para todos o no. Pero, si se promulga una ley y esta no resulta estar en consonancia con lo que es útil en las relaciones recíprocas, ya no posee la naturaleza de la justicia. Y si lo que es útil en el sentido de justo cambia, aunque durante un tiempo se adapte a nuestra prenoción [de la justicia], esto no significa que no fuera justo durante ese tiempo, para aquellos que no se perturban con palabras vanas, sino que simplemente se atienen a los hechos.

[153] XXXVIII. En el caso de que, sin que hayan surgido nuevas circunstancias, las cosas sancionadas por la ley como justas resultan en la práctica no corresponderse con la prenoción [de la justicia], esas cosas en realidad no eran justas. Pero, en el caso de que, habiendo surgido nuevas circunstancias, las mismas cosas prescritas como justas dejan de ser útiles, entonces esas cosas eran justas mientras eran útiles para las relaciones recíprocas de los ciudadanos; pero más tarde, cuando ya no eran útiles, dejaban de ser justas.

[154] XXXIX. El que adopta las mejores medidas para garantizar la confianza frente a las amenazas externas es aquel que hace que

las cosas posibles le resulten afines y, al menos, consigue que las cosas imposibles no le resulten ajenas. Pero evita todo contacto con aquellas cosas con las que ni siquiera esto es posible y se abstiene de ellas por completo, apoyándose en todo lo que es útil para ello.

XL. Todos aquellos que tienen la capacidad de adquirir la mayor confianza del prójimo viven también de la manera más agradable los unos con los otros, ya que disponen de la garantía más segura; y, como habían conseguido la más plena familiaridad, no lloran por la muerte prematura de uno de ellos, como si fuera motivo de lástima.

Sentencias vaticanas

1. El ser dichoso e incorruptible ni tiene dificultades en sí mismo, ni las causa a los demás; de modo que es inmune a la ira y a la gratitud; pues todas estas cosas se encuentran en la debilidad. [= Variante de *M. C.* I].

2. La muerte no es nada para nosotros, pues lo que se ha disuelto ya no tiene sensibilidad, y lo que no tiene sensibilidad no es nada para nosotros. [= Reiteración de *M. C.* II].

3. El dolor en la carne no se prolonga, sino que el dolor extremo dura muy poco tiempo; y aquel que apenas sobrepasa el placer en la carne tampoco dura muchos días. Y las enfermedades que duran mucho tiempo proporcionan a la carne más placer que dolor. [= Variante de *M. C.* IV].

4. Todo dolor es fácil de despreciar, ya que el que provoca un sufrimiento intenso tiene también una corta duración, y el que dura mucho en la carne causa un sufrimiento leve.

5. No es posible vivir una vida agradable que no sea también una vida prudente, bella y justa. Y, cuando no es así, no es posible vivir una vida agradable. [= Variante de *M. C.* V].

6. Es imposible que el que hace algo en secreto en contra de los pactos mutuamente establecidos para no hacer ni recibir daño confíe en que pasará desapercibido, aunque hasta el día de hoy haya pasado desapercibido diez mil veces; ya que hasta su muerte no se sabe si logrará seguir pasando desapercibido. [= Variante de *M. C.* XXXV].

7. Es difícil permanecer oculto para aquellos que cometen injusticias; entonces es imposible confiar en que puedan seguir permaneciendo ocultos.

8. La riqueza según la naturaleza está bien delimitada y es fácil de procurar; la de las opiniones vanas, en cambio, se pierde en lo ilimitado y es difícil de procurar. [= Variante de *M. C.* XV].

9. La necesidad es un mal, pero no hay necesidad alguna de vivir con necesidad.

10. Recuerda que, a pesar de tener una naturaleza mortal y disponer de un tiempo limitado, te has elevado gracias a los razonamientos sobre la naturaleza hasta lo ilimitado y la eternidad, y que has observado «lo que es, lo que será y lo que ha sido».[57] [= Sentencia atribuida a Metrodoro, fr. 37 Körte].[58]

11. En la mayoría de los hombres, lo que está inactivo se embota, y lo que está activo se enfurece.

---

57. Cita de Homero, *Ilíada*, I 70.

58. Alfred Körte, *Metrodori Epicuri fragmenta*, Leipzig, Teubner, 1890, p. 557.

12. La vida justa es la más desprovista de perturbaciones, mientras que la vida injusta está llena de las mayores perturbaciones. [= Variante de *M. C.* XVII].

13. De todas las cosas que la sabiduría proporciona para la felicidad de la vida en su conjunto, la más importante con diferencia es la posesión de la amistad. [= Reiteración de *M. C.* XXVII].

14. Nacemos una sola vez y no podemos nacer dos veces, y es necesario no existir eternamente; pero tú, que no eres dueño de tu mañana, intentas retrasar tu alegría; y, mientras tanto, la vida se va consumiendo por ese retraso, y a cada uno de nosotros le llega la muerte sin haber descansado.

15. Apreciamos nuestras costumbres como propias, tanto si son buenas y envidiadas por otros hombres, como si no. También debemos hacer lo mismo con las de nuestro prójimo, si se trata de hombres honrados.

16. Nadie, al ver el mal, lo elige; pero se deja embaucar por él si, engañosamente, lo considera un bien frente a un mal mayor.

17. No es el joven el más feliz, sino el viejo que ha vivido bien; porque el joven, en la flor de la edad, vaga a menudo sin sentido debido a la fortuna, mientras que el viejo ha arribado a la vejez como a un puerto, y los bienes que antes desesperaba alcanzar ahora los pone a salvo mediante una gratitud segura.

18. Si se suprime la mirada, la conversación, la vida común, la pasión amorosa también se elimina.

19. Quien olvida el bien pasado hoy se ha convertido en un anciano.

20. De los deseos, unos son naturales y necesarios, otros naturales y no necesarios, otros ni naturales ni necesarios, sino que provienen de una opinión vana. [= Variante de *M. C.* XXIX].

21. No hay que forzar a la naturaleza sino persuadirla. Y la persuadiremos satisfaciendo los deseos necesarios, y también los naturales si no nos perjudican, pero rechazando tajantemente los perjudiciales.

22. El tiempo ilimitado y el limitado contienen la misma cantidad de placer, cuando los límites de este último se evalúan mediante el razonamiento. [= Variante de *M. C.* XIX].

23. Toda amistad es en sí misma una virtud,[59] aunque tenga su origen en la utilidad.

24. Los sueños no tienen naturaleza divina ni poder adivinatorio, sino que se producen por el impacto de los simulacros.

---

59. Se trata de una enmienda al manuscrito «una virtud» (*areté*). Estamos de acuerdo con Jean-François Balaudé (*Épicure. Lettres, maximes, sentences*, París, Librairie générale française, 1994, p. 212, n. 2) y consideramos esta corrección prácticamente segura. Para su justificación, pueden verse Jean Bollack, *La pensée du plaisir. Épicure: textes moraux, commentaires*, París, Éditions de Minuit, 1975, pp. 451, 569-572; y Anthony A. Long y David N. Sedley, *The Hellenistic Philosophers, volume 2: Greek and Latin Texts with Notes and Bibliography*, Cambridge-Nueva York, Cambridge University Press, 1987, p. 132.

25. La pobreza, si se mide según el fin de la naturaleza, es una gran riqueza; y la riqueza, si no se le ponen límites, es una gran pobreza.

26. Es necesario tener en cuenta que tanto el discurso largo como el discurso corto tienden al mismo objetivo.

27. En otras ocupaciones, solo alcanzamos el fruto una vez que las hemos completado con dificultad; en la filosofía, en cambio, la alegría llega con el acto de conocer; pues el disfrute no viene después del aprendizaje, sino que aprendizaje y disfrute van de la mano.

28. No hay que aprobar a los que se apresuran a la amistad, ni a los que son reacios a ella; pero hay que estar dispuesto a correr algunos riesgos en aras de la amistad.

29. Con plena franqueza por mi parte, preferiría vaticinar, investigando en la naturaleza, lo que es beneficioso a todos los hombres, aunque nadie vaya a comprenderlo, antes que asentir a las opiniones corrientes y disfrutar así de los frecuentes elogios que me brinda la multitud.

30. Algunos preparan durante toda su vida lo que les hará vivir, sin ver al mismo tiempo que a todos nos fue dado al nacer el remedio,[60] que es mortal. [= Metrodoro, fr. 53 Körte].

---

60. El término *phármakon* significa «remedio» y «droga», tanto medicinal como veneno o poción mágica. En esta sentencia, Epicuro hace uso del valor ambivalente de este término.

31. En cuanto a las demás cosas, es posible procurarse la seguridad, pero, debido a la muerte, todos los hombres habitamos una ciudad sin murallas. [= Metrodoro, fr. 51 Körte].

32. La veneración por el sabio es un gran bien para quien lo venera.

33. El clamor de la carne: no tener hambre, no tener sed, no tener frío; pues quien obtiene esto y confíe en seguir obteniéndolo podría competir en felicidad incluso con Zeus.

34. No necesitamos tanto la ayuda de los amigos como la confianza en su ayuda.

35. No debemos estropear las cosas presentes por el deseo de las ausentes, sino reflexionar que incluso esas cosas que poseemos ya formaban parte de nuestros deseos.

36. La vida de Epicuro, comparada con la de los demás hombres, podría considerarse un mito, debido a la dulzura y a la autosuficiencia que mostró. [= Hermarco, fr. 49 Longo Auricchio].[61]

37. La naturaleza es débil ante el mal, no ante el bien; pues se conserva por los placeres y se disuelve por los dolores.

38. Es absolutamente mezquino aquel para quien existen muchos motivos razonables para suicidarse.

---

61. Francesca Longo Auricchio, *Ermarco. Frammenti*, Nápoles, Bibliopolis, 1988.

39. Ni es amigo quien siempre busca la utilidad en cada ocasión ni quien no sabe nunca unir la amistad con la utilidad; pues el uno convierte la gratitud en un asunto de transacción comercial, y el otro corta de raíz toda esperanza en el futuro.

40. Quien dice que todo ocurre por necesidad no tiene nada que reprochar a quien niega que todo ocurre por necesidad; pues afirma que esto mismo ocurre por necesidad.

41. Debemos reír y al mismo tiempo filosofar, y también atender los asuntos del hogar y ocuparse del resto de nuestros bienes personales, sin dejar nunca de proclamar las máximas de la recta filosofía.

42. El nacimiento del mayor bien se produce al mismo tiempo que la liberación <del mal>.

43. El amor al dinero injusto es impío, y el del dinero justo es vergonzoso; pues es inapropiado ahorrar con sordidez, aunque se trate de dinero justo.

44. El sabio, ante las necesidades de la vida, sabe dar más que recibir: tal es el tesoro de autosuficiencia que encontró.

45. El estudio de la naturaleza no forma hombres vanidosos ni charlatanes ni ostentadores de esa cultura de la que tanto se vanagloria la muchedumbre, sino hombres impetuosos y autosuficientes, que otorgan gran valor a sus propios bienes, no a los que surgen de los acontecimientos.

46. Alejemos de nosotros las malas costumbres, como a los hombres malvados que nos han hecho mucho daño durante largo tiempo.

47. Te he adelantado, Fortuna, te he cortado todo acceso.[62] Y no nos entregaremos ni a ti ni a ninguna otra vicisitud; pero cuando lo ineludible nos obligue a partir, escupiendo en la cara de la vida y de aquellos que se aferran vanamente a ella, abandonaremos la vida clamando en un armonioso peán que hemos vivido bien. [= Metrodoro, fr. 49 Körte].

48. Debemos intentar que el último tramo del camino sea mejor que el anterior, mientras estemos en el camino; y, cuando lleguemos al final, debemos alegrarnos de igual manera.

49. No es posible que disipen lo que se teme en las cosas de mayor importancia aquellos que no conocen en absoluto cuál es la naturaleza del universo, pero mantienen un temor receloso ante las cosas que nos cuentan los mitos. De modo que no es posible obtener placeres puros sin el estudio de la naturaleza. [= Variante de *M. C.* XII].

50. Ningún placer en sí mismo es malo; pero los medios de procurarse ciertos placeres traen consigo muchas más molestias que placeres. [= Variante de *M. C.* VIII].

---

62. En sus *Disputaciones tusculanas* (V 27, 1-3), Cicerón atribuye esta primera frase a Metrodoro, por lo que la sentencia en su totalidad ha sido tradicionalmente atribuida a este discípulo de Epicuro.

51. Me dices que el movimiento de la carne es en ti demasiado generoso con el placer sexual: si no infringes las leyes ni vulneras las buenas costumbres vigentes, si no causas dolor a ninguno de tus allegados, si no agotas tu carne ni consumes las cosas necesarias para la vida, entonces da rienda suelta a tu predilección. Sin embargo, es imposible no verse retenido por al menos una de estas exigencias; porque el placer sexual nunca es beneficioso, y hay que alegrarse de que no nos perjudique. [Extracto de una carta de Metrodoro a Pitocles].

52. La amistad recorre el mundo entero anunciándonos a todos que nos despertemos a la dicha.

53. No hay que envidiar a nadie; pues los buenos no son dignos de envidia, y cuanta más buena fortuna tengan los malvados, tanto más se corrompen a sí mismos.

54. No hay que pretender filosofar, sino filosofar en realidad; pues tampoco necesitamos parecer estar sanos, sino estar sanos de verdad.

55. Debemos curar las desgracias con el recuerdo agradable de lo que ha desaparecido y con el conocimiento de que no se puede hacer que lo sucedido no haya tenido lugar.

56-57. El sabio no sufre más cuando le torturan <que cuando torturan a su amigo, y estará dispuesto a morir por él; porque si traiciona> a su amigo, toda su vida quedará arruinada y desbaratada por esta deslealtad.

58. Es necesario liberarse de la cárcel de las ocupaciones cotidianas y de la política.

59. No es insaciable el vientre, como dice la mayoría de la gente, sino solo la falsa opinión de que el vientre requiere una indefinida saciedad.

60. Todo el mundo deja la vida como si acabara de nacer.

61. Hermosa es la visión del prójimo cuando el primer encuentro nos conduce a un acuerdo o, al menos, produce una seria disposición hacia él.

62. En efecto, si los enfados de los padres con sus hijos están justificados, sin duda es estúpido oponerse y no pedir perdón; pero si no están justificados, sino que es algo irracional, es ridículo avivar aún más su irracionalidad dando pábulo a su arrebato, en lugar de intentar cambiar su actitud por otros medios, mostrando un espíritu conciliador.

63. También hay una medida adecuada en la frugalidad, y a quien no la tiene presente le sucede casi lo mismo que a quien se equivoca por no poner límites.

64. La alabanza de los demás debe acompañarnos espontáneamente; en cuanto a nosotros, debemos ocuparnos de curarnos a nosotros mismos.

65. Resulta vano pedir a los dioses lo que uno es capaz de procurarse por sí mismo.

66. Compartamos los sentimientos de nuestros amigos no con lamentos, sino preocupándonos por ellos.

67. Una vida libre no puede aspirar a la adquisición de muchas riquezas, porque esto no es fácil sin hacerse siervo de la multitud o de los poderosos; más bien, ya lo posee todo en permanente abundancia; e incluso si, por casualidad, consiguiera muchas riquezas, llegaría a distribuirlas fácilmente para procurarse la benevolencia del prójimo.

68. Nada es suficiente para quien lo suficiente es poco.

69. La ingratitud del alma hace al ser vivo ávido de ilimitadas variaciones en su modo de vivir.

70. No hagas nada en tu vida que te haga temer si llega a ser descubierto por el prójimo.

71. Ante todos los deseos hay que plantearse la siguiente pregunta: ¿qué me sucederá si se cumple lo que se busca obtener con mi deseo, y qué me sucederá si no se cumple?

72. De nada sirve procurarse seguridad ante los hombres mientras se mantiene la desconfianza ante lo que hay por encima y por debajo de la tierra y, en general, ante a lo que hay en lo ilimitado. [= Variante de *M. C.* XIII].

73. Incluso algunos dolores corporales merecen la pena para protegerse de otros semejantes.

74. En una investigación dialéctica conjunta, el que es derrotado sale ganando en la medida en que aprende algo nuevo.

75. Con respecto a los bienes pasados, es ingrata la máxima que dice: «Mira el final de una larga vida».

76. A medida que envejeces, eres tal como yo recomiendo que seas, y has sabido distinguir entre lo que significa filosofar para ti mismo y lo que significa hacerlo para Grecia. Comparto mi alegría contigo.

77. El fruto más importante de la autosuficiencia es la libertad.

78. El hombre noble cultiva sobre todo la sabiduría y la amistad; y, de ellas, una es un bien mortal y la otra inmortal.

79. El hombre imperturbable aporta serenidad a sí mismo y a los demás.[63]

80. Para el joven, la parte fundamental para su salvación consiste en conservar la juventud, y resguardarse de todo aquello que pueda contaminarlo por seguir los deseos desenfrenados.

81. No disipa la perturbación del alma ni origina alegría digna de consideración ni la riqueza, por grande que sea, ni el honor y la admiración que provengan de la multitud, ni ninguna otra cosa que dependa de causas indefinidas.

63. No debemos temer nada del mundo físico; en él solo hay átomos y vacío. La *ataraxía*, una existencia sin perturbaciones, aporta serenidad al hombre que la posee, y asimismo la transmite a los demás seres humanos.